Ler e ser virtuoso no século XV

FUNDAÇÃO EDITORA DA UNESP

Presidente do Conselho Curador
Herman Jacobus Cornelis Voorwald

Diretor-Presidente
José Castilho Marques Neto

Editor Executivo
Jézio Hernani Bomfim Gutierre

Conselho Editorial Acadêmico
Alberto Tsuyoshi Ikeda
Áureo Busetto
Célia Aparecida Ferreira Tolentino
Eda Maria Góes
Elisabete Maniglia
Elisabeth Criscuolo Urbinati
Ildeberto Muniz de Almeida
Maria de Lourdes Ortiz Gandini Baldan
Nilson Ghirardello
Vicente Pleitez

Editores Assistentes
Anderson Nobara
Fabiana Mioto
Jorge Pereira Filho

MICHELLE SOUZA E SILVA

Ler e ser virtuoso no século XV

© 2012 Editora UNESP

Direitos de publicação reservados à:
Fundação Editora da UNESP (FEU)
Praça da Sé, 108
01001-900 – São Paulo – SP
Tel.: (0xx11) 3242-7171
Fax: (0xx11) 3242-7172
www.editoraunesp.com.br
feu@editora.unesp.br

CIP – Brasil. Catalogação na fonte
Sindicato Nacional dos Editores de Livros, RJ

S581l

Silva, Michelle Souza e
   Ler e ser virtuoso no século XV. Michelle Souza e Silva. São Paulo: Editora Unesp, 2012.

Inclui bibliografia
ISBN 978-85-393-0252-9

1. Paleografia portuguesa. 2. Crítica textual. 3. Escrita – Aspectos sociais. 4. Escrita – Aspectos religiosos. 5. Escrita – Aspectos morais e éticos. 6. Escrita – Filosofia. I. Título.

12-4100   CDD: 417.7
                                     CDU: 003.072(469)

Este livro é publicado pelo projeto Edição de Textos de Docentes e Pós-Graduados da UNESP – Pró-Reitoria de Pós-Graduação da UNESP (PROPG) / Fundação Editora da UNESP (FEU)

Editora afiliada:

À Susani e ao Jean

Agradecimentos

Algumas pessoas foram imprescindíveis para realização deste trabalho, uns, pelo incentivo e amizade; outros, pelas contribuições bibliográficas, discussões e leituras do meu texto. Essas pessoas fizeram e fazem por merecer os meus sinceros agradecimentos, são elas: a minha família, principalmente, Valdete Aparecida de Souza e Silva e Douglas Vinícius de Souza e Silva; os companheiros dos "seminários de pesquisa": Leandro Teodoro, Kátia Brasilino Michelan, Ricardo Fontes de Assis; os meus amigos e leitores: Rafael Afonso Gonçalves, Ana Carolina Viotti, Simone de Almeida; os amigos que estão presentes em toda a minha trajetória acadêmica: Caroline Silva Severino, Carlos Antônio dos Reis, Vanessa Martins Dias; o amigo Raimundo Agnelo Soares Pessoa pelas contribuições nos momentos iniciais desta pesquisa. Agradeço especialmente à Tamara de Lima pela leitura da primeira versão do terceiro capítulo, e à Milena Silveira Pereira pela correção das notas.

Aos professores Roberto Fabri e Margarida Maria de Carvalho pela leitura e contribuições no exame de qualificação.

Às professoras Vânia Leite Fróes e Giulia Crippa pela participação na banca de defesa e pela leitura cuidadosa da versão final do trabalho.

À minha orientadora Susani Silveira Lemos França pela amizade e confiança partilhadas por uma longa trajetória. Agradeço também pela leitura e correção do meu texto, certamente, sem o seu empenho este trabalho não seria o mesmo.

À Capes/Unesp, *campus* de Franca, pela bolsa concedida.

Ao Programa de Edição de Textos de Docentes e Pós-Graduados da Unesp – Pró-Reitoria de Pós-Graduação (Propg) e Editora Unesp (FEU) – que possibilitou esta publicação.

Enquanto eu não chegar, aplica-te à leitura, à exortação, ao ensino. Não negligencies o carisma que está em ti e que foi dado por profecia, quando a assembleia dos anciãos te impôs as mãos. Põe nisto toda a diligência e empenho, de tal modo que se torne manifesto a todos o teu aproveitamento. Olha por ti e pela instrução dos outros. E persevera nestas coisas. Se isto fizeres, salvar-te-ás a ti mesmo e aos que te ouvirem.

I Timóteo (4:13-16)

Sumário

Prefácio   13
Apresentação   17

1   O papel dos livros na corte portuguesa quatrocentista   25
2   Caminhos para a vida virtuosa na Corte de Avis   55
3   A prática da leitura no aprimoramento de si   87

Considerações finais   119
Referências bibliográficas   123

Prefácio

Provar muita coisa é sintoma de estômago embotado; quando são muitos e variados os pratos, só fazem mal em vez de alimentar. Lê, portanto, constantemente autores de confiança e quando sentires vontade de passar a outros, regressa aos primeiros. Reflete todos os dias em qualquer texto que te auxilie a encarar a indigência, a morte, ou qualquer outra calamidade; quando tiveres percorrido diversos textos, escolhe um passo que alimente a tua meditação durante o dia.

(Lúcio Aneu Sêneca, Cartas a Lucílio)

De uma das mais célebres obras medievais, o *Didascálion. Da Arte de Ler* (1127), de Hugo de São Vítor (1096-1141), ecoaram ensinamentos da mais diversa ordem e que, ao longo de séculos, foram sendo difundidos e absorvidos. Entre esses ensinamentos, a prática virtuosa de ler e o potencial da leitura são o principal foco do pensador cristão, que se dedica não só a anunciar seus benefícios, mas a ensinar como deveria ser realizada de forma esmerada. Dando continuidade a uma tradição fundada no texto, das Sagradas Escrituras aos livros sagrados empenhados em interrogar e ensinar sobre o começo, a origem, Hugo propôs-se mostrar como o primeiro passo para alcançar a *Sapientia*, ou seja, o saber divino, era a leitura. A esta, no processo de aproximação do Eterno ou de retomada da origem, em que a contemplação era o cume, seguiam outras etapas intermediárias, a saber: a meditação, a oração e a prática. Juntas, essas se mostravam como o caminho da perfeição; caminho, porém, nem sempre linear, dado que a vida impunha idas e vindas, descidas e subidas. Com esses degraus, cujo alcance era, sucessivamente, o entendimento, o discernimento, o pedido, a procura e, por fim, o encontro com a vida elevada,[1] Hugo de São Vítor delineava a trajetória do bom cristão a partir do texto, da leitura, e ajudava a firmar a ideia corrente na Idade Média de que os livros eram, se não o meio privilegiado para ensinar sobre o fundamento e o fim coincidentes da existência, ao menos o mais duradouro e o melhor apoio para manter a memória do Eterno a partir do temporal.

Quando avançamos desses primeiros tempos medievais de conquista de prestígio da escrita, sem que, entretanto, a memória viva deixasse de ser essencial e até superior, vemos como a concepção de leitura como um ato moral encontra-se bastante naturalizada. O livro de Michelle Souza e Silva passeia pelos escritos portugueses do século XV – e de pouco antes – conduzindo-se por algumas questões de fundo que foram preocupação dos portugueses quatrocentistas, mas que iam muito para além do universo português, podendo-se mesmo dizer que, tendo sido sistematizadas por Hugo de São Vítor, deviam ser, e eram, preocupação de todo bom cristão letrado. Trata-se das interrogações sobre o que ler – e consequentemente o que escrever –, como ler e por que ler.

Apesar de o prestígio da memória e o diálogo entre a oralidade e a escrita continuarem intensos no período, a autora mostra como é possível perceber um crescente apreço pelo livro, que passa a ser estimado por seu potencial de ordenação e perpetuidade. A partir

---

1 Hugo de São Vítor. *Didascálion*: da arte de ler. Introdução e tradução de Antonio Marchionni. 2. ed. Bragança Paulista: Editora da Universidade São Francisco, 2007, p.226-31.

desse reposicionamento do livro no conjunto das práticas memoriais, assistimos, no presente estudo, a um minucioso destrinçar da rede de causalidades que os letrados portugueses quatrocentistas estabeleceram entre práticas de leitura, práticas de escrita e edificação, educação. O compromisso de preservação, bem como de meditação dos tratados pedagógicos da corte avisina são analisados pela historiadora com a finalidade de mostrar que a escrita é pensada como um instrumento de articulação entre o que foi, o que deveria ter sido e que deverá ser; em suma, uma organização dos saberes e um direcionamento do futuro, visando ao mesmo tempo cada um e o todo social. Da mesma forma, pois, que a leitura era considerada por Hugo de São Vítor um ato ético que desencadeava outros, a escrita, por manter com ela uma relação de dependência, é pensada com peso semelhante por letrados como D. João I, D. Duarte e o Infante D. Pedro.

A reiteração, a retomada, a compilação de outros escritos, acrescidos da memória da própria experiência, são a base do edifício moralizante construído por esses tratadistas que, como seus contemporâneos, entenderam que a formação das virtudes morais dependia da memória e esta devia-se amparar nos escritos e disseminar-se pela leitura. Daí que os seus próprios escritos, para realizarem tarefa tão elevada, tivessem que estabelecer um verdadeiro diálogo com variadas fontes aceitas como verdadeiras no seu tempo. Tais fontes eram de tal forma absorvidas nos seus textos que não eram identificadas como alheias, ou melhor, esses autores eram movidos por uma concepção corrente de que as leituras deviam ser digeridas, como um alimento, a fim de que as experiências alheias fossem refeitas e incorporadas na rememoração.[2] O intérprete, assim, podia se apresentar como autor dessas memórias que, vindas por meio de outros escritos, convenciam como próprias por serem plenamente aceitas entre os seus contemporâneos e por traduzirem o que definiam como verdades intemporais. O resultado é uma quase mixórdia, porém, relativamente ordenada por um ideal de homem fiel a Deus, respeitoso com os seus e temperante em cada um dos seus atos.

---

2 Carruthers, Mary. *Le Livre de la Mémoire*. La mémoire dans la culture médiévale. Paris: Macula, 2002, p.246.

Souza e Silva, retomando essa discussão cara aos medievalistas sobre a relação entre a escrita, a leitura e a moral, introduz um viés singular, que é o da visão da leitura, pelos nobres letrados de Avis, como uma forma de autoaperfeiçoamento, de cuidado de si, tendo em vista a salvação. Estudar e, depois, meditar são apontados como caminhos para o autoconhecimento e o conhecimento da verdade divina não apenas por religiosos, mas também por leigos e por homens responsáveis pela condução da sociedade, como era o caso dos nobres de Avis. Práticas de leitura e práticas cotidianas virtuosas aparecem, assim, associadas em um quadro prescritivo dirigido aos leigos, mas alimentado pelos ideais monásticos da contenção e do equilíbrio. Os tratadistas, ao associarem tais práticas, trazem à cena a dimensão ética da leitura, cujo principal fito era descobrir o intemporal no plano dos acontecimentos, mas sem perder de vista as normas a serem seguidas para se alcançar tal objetivo. O inventário das virtudes, tão em moda depois do século XIII, é recorrente na obra dos portugueses quatrocentistas e é analisado pela autora do livro, que mapeia os diversos índices, gestos, falas e feitos dos homens que servem de modelo para justificar como conhecimento e prática são vias cruzadas para "se viver a completude do bem moral".

O livro que a Editora da Unesp traz a público é, pois, um estudo que, com rigor acadêmico, uma escrita leve e um curioso eixo interpretativo, nos ensina um pouco sobre uma Idade Média em que as práticas cotidianas eram movidas e explicadas pelo seu sentido oculto.

Susani S. L. França
Unesp, campus de Franca

Apresentação

D. Duarte, quase no final do seu *Livro da ensinança de bem cavalgar toda sela,* faz uma de suas últimas digressões morais (Dias, 1987, p.93) para prescrever as formas com as quais os jovens poderiam bem governar os seus corpos e evitar a ociosidade. Nesse trecho específico, sua principal preocupação é aconselhar os moços a se ocuparem da leitura de bons livros, bem como com os estudos e com as boas conversas. Dessa forma, D. Duarte (1981, p.513) reafirma a importância de se ler e ensinar as matérias contidas nos livros de filosofia moral:

> E pera tirar tal erro, os moços de boa lynhagem e criados em tal casa que se possa fazer, devem seer enssynados logo de começo a leer e a escrever e a fallar latym, contynuando boos livros per latym e linguagem de boo encamynhamento per vyda virtuosa. Ca posto que digam semelhante leitura nom muyto convivĩir a homẽes de tal stado, mynha teençom he que pois todos almas verdadeiramente somos obrigados creer que avemos, muyto principalmente nos convem trabalhar com a mercee do senhor por salvaçom dellas, o que muyto se faz, com a graça, per o estudo de boos livros e boa converssaçom. Esso medês os livros da moral fillosafia, que som de muytas maneiras pera darem enssynança de boos custumes e syguymento das virtudes, devem seer vistos e enssynados, e bem praticadas todallas cousas a ella perteencentes.

Esse trecho é somente um exemplo dentro de uma série de prescrições que os autores avisinos elaboraram com a finalidade de conduzir seus semelhantes a uma vida virtuosa. Seu objetivo geral era propor modelos de conduta ancorados em preceitos cristãos que regulamentassem os costumes nos mais diversos domínios: no trato com os semelhantes, nos relacionamentos familiares, nos bons modos à mesa, nos modos de caçar e de cavalgar, entre outros tantos exemplos. Dentro desse conjunto, entretanto, é dado destaque aos modos corretos de ler, que ocupam papel decisivo no projeto pedagógico dos príncipes de Avis. Interrogar que papel foi este é o principal alvo desta pesquisa, que se desdobrará nas seguintes etapas.

Num primeiro momento, as formas de exaltação da leitura é o que merecerá minha atenção. A proposta inicial da pesquisa era tentar mapear os modos de ler do período, concentrando as atenções em torno de questionar sobre o predomínio ou não da leitura silenciosa. A hipótese levantada era de que o confronto de dois modelos de leitura — cortês e monástico — nos levaria a perceber a permanência da leitura individual e silenciosa no século XV no meio monástico, enquanto, na corte, ainda se sobressairiam resquícios de uma leitura coletiva e oralizada. Para efetuar tal confronto, dois conjuntos de fontes foram selecionados e examinados: os tratados religiosos — *Boosco deleitoso*, *Corte Imperial*, *Virgeu de Consolaçon* e *Horto do Esposo*, de autores anônimos — e os escritos pedagógicos avisinos — *Livro de Montaria*, de D. João I, *Leal Conselheiro* e *Livro da ensinança de bem cavalgar toda sela*, de D. Duarte, e o *Livro da Virtuosa benfeitoria*, do infante D. Pedro. Tais textos, à primeira vista, sugeriram modelos opostos de leitura, pois, nos livros religiosos, a ideia central era, por meio de alegorias, ensinar e descrever a trajetória da alma para o momento de contemplação.

O autor anônimo do *Boosco deleitoso*, por exemplo, descreve seu momento de encontro com as *Sagradas Escrituras* como sendo solitário – acompanhado somente de seu anjo da guarda. Já os tratados oriundos da corte Avis pareciam propor o ensino e as boas conversas como um meio para o aprendizado de boas práticas. Logo nos primeiros meses de pesquisa, contudo, a hipótese se mostrou improvável por dois motivos aparentes: primeiramente, porque nos livros de corte a leitura não necessariamente é proposta como coletiva – a dimensão do ensino se dá principalmente na escrita; em segundo lugar, tal seleção mostrou-se inadequada, principalmente por esses textos não se ocuparem de descrever modelos de leitura, e sim, de prescrever, ou, podemos dizer, por ocuparem-se de aconselhar formas mais produtivas para a efetivação da leitura, e também, por eles não tratarem de modelos opostos, mas antes de prescrições muito semelhantes. Assim, depois de um estudo mais atento da documentação e da historiografia, percebi que, na verdade, a leitura, qualquer que fosse ela, mas desde que fosse de bons livros, era algo crucial para esses homens, pois era uma das ocupações proveitosas no exercício da moral cristã.

Esse novo problema levantado na reformulação do projeto inicial de pesquisa suscitou questões ainda maiores para serem resolvidas. O problema fundamental passou a ser a compreensão dessa forma literária[1] de exercício da moral cristã, ou melhor, quais eram os pontos suscitados nessa época para o exercício dessa moral e como a leitura se tornou crucial dentro dessas práticas. Além disso, essas práticas morais prescritas por esses homens deveriam ser descritas dentro de um modelo específico, o que me sugeriu uma outra questão: como se configura e reconfigura a moral cristã quando adaptada a um meio social específico. Dessa forma, restringi a documentação para os tratados doutrinários da corte de Avis, escritos cujos autores eram os próprios governantes de Avis – D. João I, D. Duarte e D. Pedro –, porém, tendo em vista que os livros monásticos compunham o quadro de expectativas do que deveria ser lido, não abandonei por completo a sua análise e, durante a pesquisa, tais textos foram importantes para pensar numa certa influência que os modelos de leitura monásticos tiveram na construção dos modelos de leitura na corte de Avis.

O novo recorte pode ser justificado, pois esses textos se destinavam diretamente aos homens de corte, homens que tinham como função conhecer as boas condutas e ter o cuidado de pô-las em prática para a

---

1 Literário aqui deve ser entendido no sentido etimológico da palavra, ou seja, remetendo ao latim *littera, ae*, "letra do alfabeto", "caráter de escritura", portanto, confundindo-se com escrita. Cf. *Enciclopédia Einaudi*, v.17, p.176-99.

sua salvação, todavia, de modo diferente dos monges ou eclesiásticos — para quem a ideia de modelo, embora também presente, restringia-se à conduta espiritual —, pois, para aqueles, cabia também ensinar os demais para bem conduzirem o Reino português — instituir no plano terreno a boa vivência do paraíso. Além disso, apesar de a literatura pedagógica produzida na corte Avis não poder ser considerada uma filosofia sistemática, os autores conseguiram exprimir as opiniões filosóficas do período, de forma que essa produção resultou em um grande impulso para a cultura filosófica em Portugal (Calafate, 1999, p.379-551).

Não cabe aqui, no entanto, defender o enquadramento dessa produção como sendo filosófica ou não, mas, de qualquer modo, a descrição que procurei realizar tem como principal problema o regramento moral proposto por esses homens. Dessa forma, foi inevitável traçar alguns diálogos estabelecidos pelos próprios autores para compreender e sistematizar o que eles apresentavam como práticas de cuidado moral. Assim, o primeiro diálogo que tentamos estabelecer foi com a concepção cristão-medieval do homem. Malgrado a dificuldade de mapear tal diálogo, optei por privilegiar os conteúdos dos livros de Avis, retomando em alguns momentos os autores da tradição cristã para esclarecer um ou outro ponto. Essas retomadas são, em grande medida, dos escritos de Tomás de Aquino, cuja obra, como propõe Henrique C. de Lima Vaz (p.68 e 69), representa a "síntese mais bem--sucedida da antropologia medieval", marcada pela confluência de três pontos fundamentais: "a concepção clássica do homem como *animal rationale;* a concepção neoplatônica do homem na hierarquia dos seres, como ser fronteiriço entre o espiritual e o corporal; e a concepção bíblica do homem como criatura, imagem e semelhança de Deus".[2]

Para além das concepções cristãs do homem, também devemos levar em consideração outro fenômeno cultural que permeia os diálogos dos autores avisinos com as filosofias morais: "a inquietude de si". Segundo o filósofo Michel Foucault, a ideia do "cuidado de si" tem suas raízes na filosofia grega e liga-se essencialmente ao problema que permeou

---

2 Tais questões serão trabalhadas no segundo capítulo deste livro.

a cultura ocidental: o sujeito e a verdade. A regra geral do "cuidado de si" é ocupar-se de si mesmo, não descuidar-se em hipótese alguma de si (Foucault, 2006, p.11-2), um exemplo dessa ideia, sobre o tema recorrente da *Beata Vita*, ou simplesmente da vida feliz, é o de Sêneca. Este lembra ao seu irmão Galión que o ideal de buscar uma vida feliz apetece a todos e parece ser um ótimo destino, mas a felicidade eterna não é nada mais do que um péssimo juízo da verdade. Para Sêneca, o que podemos ter é o controle sobre os prazeres e as dores e, seguindo regras rígidas, podemos encontrar uma vida sóbria. Em contraponto ao pensamento de Sêneca estaria, entretanto, o de Santo Agostinho, para quem, segundo Heidegger, a busca da *Beata Vita* era a busca da verdade: a fórmula básica seria a busca da vida feliz, que se confunde com a busca da verdade que se encontra em Deus. O fundamento da vida é, pois, o próprio encontro com Deus e, consequentemente, com a felicidade (Heidegger, p.42-51). Mas este é somente um ponto da complexa obra de Agostinho, aqui citado de forma ligeira apenas como ponto de partida para atentarmos para o conflito entre essas duas concepções filosóficas: a cristã, como uma ética do não egoísmo, na qual o "cuidado de si" é retomado como um ponto de renunciar a si mesmo (Foucault, 2006, p.32); e uma ética em que o ocupar de si mesmo se impõe acima de quaisquer outras preocupações.

A moralidade proposta nos tratados produzidos em Portugal no século XV, embora dialogue com as duas concepções, alimenta-se, sobretudo, da ética cristã. No entanto, é possível observar a referência, muitas vezes transversal e muito recortada, dos estoicos, quer dizer, a leitura dos filósofos pagãos em nenhum momento é renegada, mas os seus fundamentos são oportunamente adaptados. Sobre essa questão, vale esclarecer que, dados os limites deste trabalho, as concepções estoicas sobre o cuidado de si apenas serão referidas como recursos de comparação para as propostas avisinas das práticas de si, melhor dizendo, a presença dos textos dos autores estoicos nas obras quatrocentistas – um bom exemplo é o caso do *Livro da Virtuosa Benfeitoria* que, segundo o próprio D. Pedro, é uma compilação do texto *De beneficis* de Sêneca – é o que abre espaço para estabelecermos comparações no que diz respeito às práticas de si.

A temática das práticas de si, como procurarei defender, aparece nos escritos portugueses do século XV como fundamento dos valores suscitados por esses homens, pois o período de transição do século XIV para o século XV em Portugal é marcado por uma nascente preocupação com o regramento dos costumes. Um bom exemplo é a narrativa da crise e da eleição do Mestre realizada em primeiro lugar pelo conhecido cronista Fernão Lopes. Desse relato, bastante célebre, o que mais chama atenção são os capítulos destinados à narrativa da reunião das cortes em 1385.[3] Segundo o cronista, essa reunião de "fidalgos e prelados", de "procuradores de certas villas e cidades do reino", de "cavaleiros e escudeiros", tinha como objetivo debater sobre quem poderia se ocupar da "governança da terra e quem era bem de reinar" (Lopes, 1897, p.170). Entre os juristas, oradores e outros que participavam dessa reunião, certamente o personagem de maior destaque foi o jurista João das Regras, pois a ele foi dada a incumbência de demonstrar com argumentos, fundamentados no Direito (Caetano, 1992, p.445 e 452), os porquês de os supostos legítimos "herdeiros" do trono não poderem exercer a função real e propor, pois, que o trono estava vago (Ventura, 1992, p.74).

Acompanhando a narrativa feita por Fernão Lopes, que dá à luz o discurso de João das Regras, podemos perceber como o legista elaborou sua argumentação: "Este propoz n'aquellas côrtes, tendo cuidado de mostrar por sciencia, razão e verdade, o proveito de tão grão negocio, como este aos povos ficar depois encarrego de escolher qual determinação quizessem" (Lopes, 1897, p.173). Dessa forma, o cronista organiza as escolhas argumentativas que João das Regras fez para a ocasião das cortes e chama atenção para o respeito à ciência, à razão

---

3 As cortes portuguesas eram convocadas em momentos em que não havia outra forma ou princípio de legitimação das decisões administrativas do Reino. Especificamente, as de 1385 contaram com a presença de três estados do Reino: "o clero com várias personalidades, a nobreza com setenta e dois fidalgos, e com os procuradores dos povos, os representantes de trinta e uma cidades e vilas". O principal objetivo das cortes de 1385 era resolver o problema da sucessão real (Lachi, 2001, p.139-43).

e à verdade:[4] valores que, a partir de Fernão Lopes, aparecem como razão de ser da reunião das cortes e têm como seu paladino, D. João, Mestre de Avis, então eleito para rei de Portugal. Além de apresentar D. João como defensor desses preceitos, segundo Fernão Lopes, João das Regras argumenta também que era da vontade de Deus e da Igreja que o novo rei protegesse Portugal dos inimigos (Ventura, 1992, p.74). Assim, Fernão Lopes alinhava os fundamentos argumentativos para a conclusão de que D. João I deveria ser rei de Portugal, porque era o mestre de Avis quem mais respondia aos interesses da Igreja e de Portugal.

A descrição de Fernão Lopes, embora analisada em linhas muito gerais, nos dá indícios de como os nobres do século XV justificaram e registraram os eventos que colocaram no trono a dinastia de Avis, e, como procurei destacar, ao tempo avisino é vinculada a valorização da ciência, da razão, da verdade e da religiosidade. O quanto isto teve de idealização ou concretização, não posso dizer e nem é o que aqui importa; o que importa, ao contrário, é atentarmos para como tais fundamentos nortearam o trabalho de escrita de Fernão Lopes para justificar a legalidade da nova dinastia e para propor os méritos de D. João I no governo do Reino e no ordenamento da sociedade portuguesa avisina.

Dessa forma, procurei questionar como esses valores ligados principalmente à escrita – e, como vimos, à legalidade do poder avisino – foram ou não determinantes para o dito ordenamento da sociedade. A hipótese privilegiada é de que a escrita compõe um projeto de regramento moral daquela sociedade. Assim, no primeiro capítulo, busquei mapear o papel conferido aos livros pela sociedade portuguesa quatrocentista, observando as características da conhecida literatura pedagógica produzida na corte de Avis. O fio condutor, ou a ideia central do capítulo, foram os significados dessa produção no âmbito da corte, ou seja, busquei analisar as características dessa literatura e sua importância para o período: tendo como perspectiva o impulso

---

4 Para Marcello Caetano (1992), o discurso feito por João das Regras representa a crescente valorização do direito público em Portugal.

pedagógico e moralista desses livros. Também procurarei analisar a importância crescente da cultura livresca na corte de Avis, atentando para os enunciados dos textos que demonstram uma preocupação com o saber livresco.

No segundo capítulo, tentei sistematizar as condutas que eram valorizadas, ou melhor, as práticas de si que esses homens elencaram como sendo importantes para a salvação e para a boa concórdia no reino português; práticas que estão ancoradas nos fundamentos ou princípios morais cristãos. Tendo isso em vista, procurei rastrear os passos dessa construção que visava o regramento moral: primeiramente, o conhecimento de si – desdobrado principalmente na ideia da criação; em seguida, os autores propuseram uma série de hábitos ou técnicas de cuidados cotidianos para consigo e para com os outros – as práticas de si.

No terceiro capítulo, a descrição das práticas de si continua, porém, o olhar volta-se para a leitura. Procuro notar como esses homens valorizavam o conhecimento como uma via para se viver a completude do bem moral, encarando, dessa forma, a leitura como uma técnica de si. Complementarmente, procurei elencar as prescrições que esses homens faziam para uma boa leitura, recomendando e criando técnicas que objetivavam uma melhor compreensão dos textos.

1
O PAPEL DOS LIVROS NA CORTE PORTUGUESA QUATROCENTISTA

Os livros e a ordenação dos saberes

Como lembra D. João I (1981, p.7):[1]

> [...] e depois que o homem assi foi criado foi razoauil e sabedor, e deshi uierom os homẽes de geraçom em geraçom, e começarom a prouar as cousas, e os conhecimentos dellas, e uirom eu aquelles que algũas cousas sabem, tanto que morriam elles, os outros que depois delles uinham, perdiam os saberes, por ende por se perceberem de se os saberes nom perderem, catarom as figuras das letras, e nomearomnas, e fizerom em como se per ellas nom perdessen os saberes: e entom começarom a escreuer liuros, em que os puserom, e assi outros fizerom liuros de Gramática, e de Rhetorica, e outros muytos liuros que falam de muytas cousas.

Os livros são entendidos, em sentido corrente, como um conjunto de folhas, sejam elas manuscritas, datilografadas ou impressas, reunidas e organizadas de forma a facilitar a leitura. Essa definição aparentemente simples sobre o termo livro nos conduz a uma característica peculiar a ele: o livro é um instrumento na ordenação dos saberes,

---

[1] Atualizando um tópico da produção escrita medieval sobre o porquê da escrita.

além disso, aos saberes são atribuídos sentidos, ou melhor, os saberes simplesmente ganham existência quando se materializam (Chartier, 1998, p.8). O livro, para o rei da "Boa Memória", como para os homens do seu tempo, era o registro do conhecimento humano, uma ordenação das coisas sensíveis, ou seja, tudo o que o homem podia apreender em sua relação com as coisas. Assim, os livros eram valorizados, porém devemos nos lembrar de que, durante a Idade Média, eram poucas as pessoas que podiam e queriam ler, como também era inexpressivo o número de livros produzidos, dada a dificuldade da feitura desse artigo. E, também, como veremos, a relação dos homens da Idade Média com o conhecimento nem sempre era benéfica, tendo em vista que havia conhecimentos valorizados e desprezados. Entre os conhecimentos valorizados, estavam aqueles reunidos nos livros compostos pelo rei D. Duarte, autor que procurei tomar aqui como ponto de partida para levantar o problema da feitura dos livros na Idade Média. Também, retomarei o *Sermão de Bernardo de Claraval* para tentar pensar a relação daqueles homens com o conhecimento.

Nos dois últimos anos que antecedem sua morte (1437-1438), o Rei D. Duarte, além das tantas obrigações como monarca, dispõe-se a organizar as diversas anotações que fizera durante a vida. Dessas anotações organizadas, surgiram dois tratados – O *Leal Conselheiro* (1942) e o *Livro da ensinança de bem cavalgar toda sella* (1981) – e um livro de apontamentos conhecido como o *Livro da Cartuxa – Livro dos conselhos de El-Rei D. Duarte* (1982). Os dois tratados, no entanto, não tiveram cópias, e o único códice conhecido encontra-se na Biblioteca Nacional de Paris. Ao que tudo indica, os livros só vieram a público em meados do século XIX, de modo que as pretensões do rei filósofo de divulgar determinadas matérias que julgava importantes para o "boo regimento de nossas conciencias e voontades" (D. Duarte, 1942, p.1) não se efetivaram apenas na forma livresca.

Vários são os motivos pelos quais esses tratados foram ignorados por tanto tempo, mas muitas são as indicações de que era da vontade de D. Duarte que fossem lidos por seus contemporâneos. É possível que o falecimento do nobre tenha contribuído para o esquecimento dos seus escritos, pois o único códice que continha o *Leal conselheiro* e o *Livro da ensinança de bem cavalgar toda sella* foi encontrado na Biblioteca Nacional de Paris, e ainda assim, acredita-se que tal códice seja uma cópia do texto original escrito pelas mãos de D. Duarte – embora ainda não tenha sido possível identificar qual o *scriptorium* e o copista de onde se originou tal cópia (Castro, 1995).[2] Mas, nesse jogo de motivos, o mais importante é afirmar que a dificuldade da feitura dos livros manuscritos contribuía para sua diminuta circulação e que pode também ter sido esse um dos problemas do esquecimento dos tratados do monarca em questão – tendo em vista que o manuscrito de D. Duarte possivelmente só teve uma única cópia.

O manuscrito foi, durante toda a Idade Média, o único suporte para o escrito, mas sua fabricação era difícil e cara, o que dificultava a sua distribuição. O uso corrente do pergaminho, que prevaleceu até o século XV, encarecia muito o artigo. Apesar de o papel ter sido difundido desde o século XII, nem sempre foi utilizado, pois os homens de saber desconfiavam desse material, preferindo o pergaminho para os livros de estima.[3] A fabricação do pergaminho era muito difícil e demandava um período longo para ser concluída: primeiramente separava-se a pele pela qualidade, depois, tratava-se essa pele à cal viva, lavava-se, secava-se, numa rotina que durava meses (Barbier, 2005, p.51). Mas, apesar de o papel ter representado uma economia significativa para a fabricação dos livros, não era o pergaminho o grande vilão dos preços desse artigo. O grande peso nos custos da feitura dos livros era o cuidado na fabricação, equivalente à elaboração de uma obra de arte complexa e que exigia muito dos copistas, calígrafos e iluminadores. Além disso, bons profissionais do livro eram raros e os poucos tinham de trabalhar lentamente para garantir a qualidade e beleza da obra. No caso português, acrescia o problema de que, nesse reino periférico, o

---

2 Nesse artigo a autora tem como proposta levantar uma hipótese para "as causas da presença do códice em Paris e o seu consequente desconhecimento até o século XIX". A ideia central é de que provavelmente os dois textos de D. Duarte tiveram somente uma cópia que foi retirada do *scriptorium* por D. Leonor. Assim, os livros escritos pelo nobre não foram divulgados entre os nobres portugueses.

3 Sobre a circulação e fabricação dos livros na Idade Média, ver: Verger, 1999, p.112-6.

material utilizado para a confecção dos livros era importado, fosse o pergaminho ou o papel. Mesmo com essas dificuldades, em Portugal existiram quatro principais praças de iluminura, os *scriptoria* de Lorvão, de Santa Cruz de Coimbra e de Alcobaça, de onde surgiram algumas peças de iluminura bastante importantes no contexto europeu (Anselmo, 1998, p.12).

Tendo em vista as dificuldades na feitura dos livros, as tiragens eram diminutas, sendo privilegiados os livros religiosos, como a Bíblia, os missais e outros, e sendo inexpressivas as tiragens de livros de outras naturezas, como os moralistas e filosóficos (Marques, 1987b, p.420). Assim, possuir um único livro era um luxo, embora a partir do século XII tenha havido gradativamente um aumento das bibliotecas leigas, de universitários ou da nobreza, mas tais bibliotecas não eram volumosas: há registros de inventários de bibliotecas que continham somente seis exemplares (Verger, 1999, p.114). A primeira biblioteca real portuguesa da qual restou um levantamento de livros é a biblioteca do rei D. Duarte, que contava com o número de oitenta livros; número que, conquanto para os nossos padrões pareça pouco, na Idade Média, tendo em vista a dificuldade de adquirir esse artigo, indica que D. Duarte era um grande colecionador de livros.[4]

Mesmo com todas as dificuldades que envolviam a produção dos livros, esses artigos adquiriram gradativamente o *status* do mais importante instrumento de veiculação dos saberes. Em Portugal, a ascensão da dinastia de Avis (Marques, 1987b; Mattoso, 1981)[5] ao poder parece ter sido um dos fatores que impulsionou a valorização dos livros como divulgadores dos saberes. Tal hipótese parece se confirmar, tendo em vista que a conhecida ínclita geração[6] tinha uma declarada preocupação em registrar os saberes na forma livresca, atuando os seus próprios membros como escritores, tradutores ou mecenas. Dos livros escritos

---

4 Tal levantamento está presente no *Livro dos conselhos de El-Rei D. Duarte* (1982). Retomarei a questão da biblioteca Duartina logo adiante, para fazer um paralelo entre os saberes valorizados e os livros de estima desse Rei.
5 Para mais informações sobre a crise de 1383-1385, ver: Viegas, 1984.
6 Esse adjetivo foi atribuído aos reis e príncipes de Avis por Camões, no célebre *Os Lusíadas*.

pelas mãos avisinas, conhecemos quatro tratados: O *Livro da montaria*, escrito pelo Rei D. João I; os dois tratados do rei D. Duarte que já foram mencionados; e o *Livro da virtuosa bemfeitoria*, do Infante D. Pedro. Além da escrita desses tratados, o século XV é lembrado na história da literatura portuguesa como o período em que a produção histórica, as crônicas, torna-se mais regular e em que outros tratados que tinham como matéria privilegiada os mistérios da igreja e da fé são produzidos, tais como *Boosco deleitoso, Orto do esposo, Corte enperial* e o *Virgeu da Consolaçon*. Destaque também merecia a Escola de tradutores de Avis, onde D. Duarte e D. Pedro tiveram participação ativa como autores e promotores (Santos, 1996, p.268-70).[7]

Esse painel da produção livresca do século XV – destacando os tratados escritos pelos nobres de Avis –, como veremos adiante, parece se unificar pelos objetivos pedagógicos, ou seja, pela preocupação em divulgar determinados valores e instruir os seus leitores a partilharem desses valores. Dessa forma, o conteúdo privilegiado nessas obras deveria abordar os preceitos e conhecimentos a serem colocados em prática por aqueles homens. Vale aqui, no entanto, questionar sobre as matérias privilegiadas nos textos avisinos, ou melhor, qual o conhecimento que esses autores valorizavam e repassavam nas suas obras. Tal empreitada foi um dos pontos mais importantes dessa pesquisa, assim, no segundo e no terceiro capítulos, retornarei à questão dos conhecimentos valorizados pelos autores avisinos, porém com mais especificidades. Nesta parte, restringir-me-ei a discutir as referências que esses autores traziam consigo e que foram importantes para as escolhas que eles fizeram. Assim, tomaremos como exemplo o *Sermão sobre o conhecimento e a ignorância* de Bernardo de Claraval,[8] no qual

---

7 Maria Azevedo Santos aponta quais os títulos que foram traduzidos: Cícero – *De Officiis, De Amicitia* e *De Senectude* –; o *De re militari* de Vegécio; *De regimine principum* de Frei Gil de Roma; o *Panegírico de Trajano* do autor Plínio; e, ainda o *De ingenuis moribus et liberalibus studiis* de Pedro Paulo Vergério.

8 Bernardo de Claraval (1090-1153) era filho de uma família nobre de Borgonha e recebeu educação como cavaleiro. Com mais ou menos 20 anos, entrou para o mosteiro de Cister junto com irmãos e amigos. Um de seus mais importantes sermões, o *Sermão sobre o conhecimento e a ignorância*, dá alguns vestígios sobre

o monge tenta demarcar o que seria um conhecimento benéfico e, também, demonstra como a relação entre o conhecimento e a ignorância na Idade Média foi bastante dúbia, já que, como veremos, há conhecimentos proveitosos para o espírito, mas também há aqueles que não são necessários para a salvação. As palavras que o monge proferiu tinham a intenção de alertar que nem todo o conhecimento é necessário para a salvação, por isso, assevera:

> [...] discutiremos se toda ignorância produz perdição: há muitas e mesmo inúmeras coisas que se podem ignorar sem problema algum para a salvação.[...]
> Também muitos são os que se salvaram [...]. E agradaram a Deus com os méritos de sua vida e não com os de seu saber. Cristo não foi buscar Pedro, André, os filhos de Zebedeu e todos os outros discípulos, entre filósofos; nem em escola de retórica e, no entanto, valeu-se deles para realizar a salvação na terra. (Bernardo de Claraval apud Lauand, 1998, p.263)

Essa ideia de que o conhecimento não é indispensável para a salvação não significa, contudo, uma desvalorização do conhecimento, pois o monge alerta que os "homens doutos" prestavam grandes favores à igreja. No entanto, o saber que ele valorizava era aquele que conduzia ao conhecimento de Deus e dos limites do homem, tido como o saber que reduz o vício da vaidade que acompanha aqueles que muito querem conhecer. Além disso, ele alerta para a necessidade de os saberes serem aplicados desde cedo, pois o conhecimento tinha a finalidade de conduzir à salvação, busca que acompanha toda a vida. No seu púlpito, continua:

---

sua pedagogia do saber viver, que basicamente consiste na necessidade de conhecer a si mesmo, com humildade para julgar os seus próprios atos e ser vigilante para não cometer erros e cair em vícios. A humildade é um ponto fundamental dos seus sermões, pois por ela poderia se conhecer a fraqueza da condição humana como também as fraquezas pessoais (Lauand, 1998, p.251-61). Além disso, Bernardo de Claraval muito influenciou os autores quinhentistas portugueses, como no caso do anônimo autor do *O orto do Esposo* (Mongelli, 2001, p.53-105).

Posso estar dando a impressão de querer lançar em descrédito o saber, de repreender os doutos, de proibir o estudo das letras. Longe de mim tal atitude! Conheço muito bem o inestimável serviço que os homens doutos têm prestado à Igreja: seja refutando os adversários dela, seja na instrução dos simples. [...]
Vede que há saberes e saberes: há um saber que produz o inchaço e há um saber que contrista.[...]
O Apóstolo não proíbe saber, mas sim saber mais do que convém. E o que é saber com sobriedade? É cuidar de aplicar-se prioritariamente ao que mais interessa saber, pois o tempo é breve. Ora, ainda que todo saber, desde que submetido à verdade, seja bom, tu, que buscas com temor e tremor a salvação, e a buscas apressadamente, dada a brevidade do tempo, deves aplicar-te a saber, antes e acima de tudo, o que conduz mais diretamente à salvação. (ibidem, p.264-5)

E ainda, acrescenta algo sobre as formas de saber:

Mas o que é este modo de saber? O que, senão saber segundo a ordem, o amor e o fim devidos?
Segundo a ordem, isto é, priorizando o que é mais necessário para a salvação; segundo o amor, isto é, voltando-nos mais ardentemente para o que mais nos impele a amar; segundo o fim: não por vaidade ou curiosidade ou objetivos semelhantes, mas somente pela tua própria edificação e pela de teu próximo. [...]
Mas há quem busque o saber para edificar, isto é amor. E há quem busque o saber para se edificar, e isto é prudência. (ibidem, p.266-7)

Esse sermão de Bernardo de Claraval introduz alguns pontos que são especialmente relevantes para entendermos a relação desses homens com o conhecimento. O primeiro deles diz respeito ao que deve ser conhecido, ou seja, o conhecimento é um valor desde que se procure o conhecimento edificante. O segundo, por sua vez, nos diz mais. A partir do século XII, uma das preocupações fundamentais do pensamento medieval era diferenciar a razão da fé.[9] Dessa

---

9 Para uma apreciação mais geral sobre o pensamento no século XII, ver: Gilson, 1995, p.390-402; Baschet, 2006.

forma, os sábios da Igreja tiveram um longo trabalho para lidar com a ideia de razão e de conhecimento. A solução, talvez mais célebre, é a de Tomás de Aquino, que, por influência principalmente de Aristóteles, formulou a ideia de que o homem é também um animal racional. Essa ideia do pensador Tomás de Aquino é proveitosa para ser lembrada, pois exerceu grande influência no pensamento medieval. Além disso, uma das preocupações mais significativas desse pensador foi entender um pouco mais sobre o comportamento da razão frente à verdade da fé. Para esclarecer tal ponto, podemos recorrer ao capítulo VIII do livro *Súmula contra os gentios*, de Tomás de Aquino (1990, p.29-30):

> Parece que também se deva considerar que as coisas sensíveis, nas quais tem sua origem o conhecimento racional, conservam em si algum vestígio da semelhança divina, mas tão imperfeito que se mostra totalmente insuficiente para nos esclarecer sobre a substância mesma de Deus. Na verdade, os efeitos têm o seu modo de ser semelhante às causas, visto que o agente produz efeito semelhante a si. Contudo, nem sempre o efeito alcança semelhança perfeita com o agente.
>
> A razão humana, por conseguinte, para conhecer a verdade da fé, que só pode ser evidentíssima para quem contempla a substância divina, ordena-se a esta de modo que dela possa receber semelhanças verdadeiras, as quais, contudo, não são suficientes para que a referida verdade seja compreendida de maneira quase demonstrativa ou enquanto conhecida em si mesma.
>
> Não obstante, é útil para a mente humana exercitar-se no conhecimento dessas razões, por mais fracas que sejam, desde que se afaste a presunção de compreendê-las ou demonstrá-las. Ora, conseguir ver algo das coisas altíssimas, mesmo por pequena e fraca consideração, já é agradabilíssimo, como foi acima dito.

Tomás de Aquino, nesse trecho, reflete sobre como o conhecimento das realidades sensíveis, aquelas que são apreensíveis pelos sentidos, podem conduzir ao conhecimento de Deus, embora esse conhecimento seja sempre diminuto, tendo em vista que, como criaturas de Deus, carregamos somente um vestígio imperfeito do criador. Mas, mesmo recolhendo vestígios imperfeitos do criador, o homem tem como obrigação procurar por seu aperfeiçoamento por meio do conhecimento, com perseverança e humildade, pois há saberes que nos conduzem a conhecer a Deus, mas também a aqueles que só alimentam a vaidade e, pior, nos afastam da salvação. Essa preocupação em demarcar o conhecimento bom do ruim e em definir o comportamento adequado da racionalidade liga-se ao problema que a igreja enfrentava de demarcar as coisas espirituais como não sendo apreensíveis de maneira racional, ou seja, ela lutava contra a tendência de interpretar corporalmente realidades que são meramente espirituais (Baschet, 2006, p.435).[10] Essa preocupação resulta no privilégio dos temas moralizantes e não essencialistas nas obras da corte, sendo os temas mais complexos, isto é, a discussão da essência das coisas, deixada para os grandes doutores da Igreja, como Tomás de Aquino. Se alguns desses temas aparecem, por exemplo, nas obras pedagógicas da corte de Avis, são meramente para esclarecimento de algum ponto importante para justificar as matérias tratadas nesses livros.

Um bom exemplo está no *Leal conselheiro*, no capítulo "Das partes do nosso entendimento", em que, desde o prefácio, o rei D. Duarte tenta justificar o porquê de se estudar determinadas matérias e de se ler bons livros que contenham bons ensinamentos. E no decorrer do capítulo, ele classifica as partes do entendimento, ou seja, os passos pelos quais a inteligência pode apreender as coisas. Não se trata, portanto, de um esforço em demonstrar a racionalidade humana, mas sim de demonstrar de que forma a racionalidade contribui para se conhecer as coisas. A definição de entendimento para Aristóteles – o mais apropriado pelos medievais na construção de suas concepções – é de que se trata de uma das faculdades do humano, não podendo ser generalizada como alma. Para Aristóteles e seus seguidores, o entendimento é mais intuitivo do que discursivo, dessa forma, ele seria capaz de compreender os princípios da fundamentação e os fins da ação a partir do hábito, não derivando de um saber. D. Duarte (1942, p.7-13), a partir de Aristóteles, divide o entendimento em cinco partes:

---

10 Ver também: Duby, 1989, p.131-42.

daprender, de *rrenembrar*, *judicativa*, *enventiva*, *declarador*, *executiva* e da *firmeza e persseverança*. Além de classificar o entendimento, D. Duarte também adverte sobre como mantê-lo:

> Primeira e mais principal, que conheçamos avermos per sua special graça todo nosso bem e, sempre dandolhe louvores, demandemos que nos ajude e acrecente em todo como sejamos despostos pera o milhor servir. Segunda, que guardemos temperança em comer e bever e todos nossos feitos. Terceira, que nom sejamos vencidos desordenadamente em algũa paixom damor, temor e assi das outras que adiante se diram. Quarta, que desejemos muyto percalçar e aver todas estas partes do entendimento, prezandoas muyto, avendo por grande mingua e fallicimento pera a vida presente e que spramos seer desfallecido em cada hũa dellas. (ibidem, p.9-10)

Para D. Duarte, em suma, o entendimento é a faculdade de pensar, é como uma luz espiritual, abstrata, que ilumina e faz com que se compreenda a realidade que nos cerca. O entendimento, portanto, é um dom dado por Deus, que deve ser exercitado e conservado, e, como todo dom, ele também requer obrigações. Assim, na quinta, sexta e na sétima partes, o rei escritor adverte sobre o seu dever de bom cristão de ensinar, transmitir e fixar a tradição, além de, igualmente, poder ele próprio manter o seu conhecimento:

> A quinta, declarador, per a qual declaramos e enssynamos toda cousa per pallavra, scripto e outras declarações de qual quer sciencia ou enssynança, guardando em todos nossos feitos boas, honestas contenenças e cerimônias, segundo cada huũ he e o feito demanda. [...]
> Sexta, executiva, per que bem e prestemente damos a enxecuçom o que nos compre e acordamos de fazer, nom o tardando, pospoendo per leixamento, priguiça e mingua do coraçom, empacho, lividade, avareza, nem nos torvando per outro cuidado ou fantesia. [...]
> Seytema, da firmeza e persseverança, polla qual somos firmes em nossos boos propositos e obras, nom as pospoendo ou leixando no que veemos que he bem e compre de se fazer. (ibidem, p.8-9)

Esse trecho de D. Duarte abre diversos caminhos para compreendermos como, no século XV, os homens entenderam e formularam suas ideias sobre o que deveria ser conhecido. Em primeiro lugar, o nobre aponta o valor da prática cotidiana para a obtenção e conservação do conhecimento. A importância da dimensão prática e sua ligação direta com o conhecimento, só podem ser entendidas à luz do objetivo maior do conhecer, melhor dizendo, para esses homens, o objetivo final, a salvação, é a única justificativa para se procurar no plano terreno o conhecimento (Pacheco, 1995). Dessa forma, aquilo que deve ser conhecido só pode ser algo que acrescente na busca cotidiana pela salvação. Foi dentro dessa expectativa que os autores quatrocentistas propuseram ensinamentos que visavam contribuir para o regramento da vida, do cotidiano de seus leitores. Da mesma forma, a perspectiva prática do conhecimento valorizado foi decisiva na seleção das matérias que deveriam ser tratadas, ou seja, se os livros ordenavam os saberes, a dimensão prática e a finalidade salvacionista determinavam quais os saberes eram valorizados.

Os livros na renovação quatrocentista portuguesa

Na transição do século XIV para o século XV, Portugal viveu um dos momentos mais singulares da sua história. Do ponto de vista político, a crise de 1383-1385 não somente elegeu uma nova dinastia para o poder, mas também toda uma nova "gente" que ascendeu aos cargos administrativos do Estado. Por nova gente, pode-se entender aqui uma nova nobreza em ascensão (Homem, 1989). Tal renovação da vida pública portuguesa – nobreza e a própria dinastia real – provocou profundas transformações na organização social daquela sociedade, transformações que impuseram à "consciência esclarecida" uma série de problemas políticos e morais. Pensando na sociedade medieval como um todo, deparamo-nos com uma sociedade rigidamente hierarquizada, de forma que a mudança na sua estrutura foi um problema de relevo para os governantes quatrocentistas, um problema a ser trabalhado não somente no plano administrativo, mas também no plano intelectual.

Envolveram-se nessa iniciativa de resolver tais questões e reordenar aquela sociedade os próprios governantes de Avis. Por isso mesmo, justifica, aqui, analisarmos a proposta dos avisinos de investir no regramento dos hábitos corteses como uma forma de instaurar uma nova ordem para a sociedade portuguesa quatrocentista. Nesse momento, mais atenção foi dada a determinados valores que, para esses homens, passariam, então, a determinar o que era mais benéfico para a sociedade e o que era moralmente aceito (Elias, p. 74).[11] Talvez devido a esse empenho, a cultura dos príncipes de Avis tenha sido tão essencialmente marcada pelos livros e, por isso, é por meio deles que procuraremos mapear os saberes valorizados por esses homens.

A cultura livresca do início do século XV em Portugal, pelo que nos foi legado, deu mostras de uma certa vitalidade, malgrado a fatalidade da condição periférica do reino. Além disso, o empenho cultural dos nobres de Avis é um bom exemplo de como a aristocracia medieval progressivamente somou o interesse pelas letras ao interesse pelas armas (Verger, 1999). Como salientou Ana Isabel Buescu (2007), esse interesse pelas letras pode ser atestado no inventário das bibliotecas reais, em especial o da biblioteca do Rei D. Duarte. Por meio dos conteúdos dessa biblioteca, bem como de outras contemporâneas, podemos perceber que saberes eram valorizados por aqueles homens e como quatro conjuntos de interesses caracterizam a organização dos livros dessas bibliotecas: as crônicas e histórias nacionais; os livros religiosos; os tratados políticos e desportivos; e, por fim, a literatura cortês.[12] Para a autora, essa multiplicidade de conteúdos demonstra

---

11 Norbert Elias, ao tratar da Idade Média, procura traçar alguns pontos de referência para o seu problema maior que é a construção da ideia do que era ser civilizado na modernidade. Além disso, sua descrição está mais ligada à ideia de novos hábitos que são definidores de uma gente civilizada. Nossa proposta é também pensar nesses novos hábitos, porém, para os portugueses quatrocentistas, tal ideia está ligada mais à necessidade de se instaurar um regramento cotidiano filtrado pela moral cristã.

12 A partir desse inventário, Ana Isabel Buescu traça as "principais orientações culturais da corte de Avis". Nesse sentido, aqui procurarei somente trazer algumas linhas gerais, tendo em vista que a autora citada já se ocupou da tarefa de esquadrinhar esse inventário e, partindo dele, pensou a cultura livresca dos

a confluência entre uma cultura laical e uma cultura clerical (Buescu, 2007, p.145). Tendo em vista que a biblioteca de D. Duarte pode ser considerada um forte indício dos saberes valorizados por aqueles homens, podemos pensar que tais matérias também foram privilegiadas nos textos escritos pelas mãos avisinas, como também são representativas do panorama da cultura livresca do período.

Os registros medievais eram submetidos a regras inseridas dentro de um jogo de possibilidades independente da natureza deles, que podiam ser filosóficos, políticos, religiosos, enfim, de vários tipos. A epistemologia medieval confunde-se com a teologia,[13] sendo suas regras impostas pela verdade da fé, pela crença em um Deus todo poderoso e criador do céu e da terra. O livro mais importante na Idade Média, aquele que serviu como fonte para os textos medievais, foi a Bíblia, e a própria produção quatrocentista portuguesa nos dá mostra da relevância desse texto fundador. No tratado o *Boosco deleitoso*, do solitário e anônimo peregrino da alma, consta uma passagem alegórica em que o peregrino narra seu encontro com uma senhora que representava as sagradas escrituras. Seu condutor, o seu anjo da guarda, ao esclarecer o seu protegido, dizia:

> – Aquela é a santa Ciência da Escritura de Deus, que é senhora de todas as ciências; e porem as suas vistiduras som de muitas colores, e a sua coroa tem pedras preciosas de muitas guisas. E ela contém em si o testamento novo, que inclina e amolenta a dureza da lei velha; e porém a corda do arco, que o amolenta e inclina, demostra o testamento novo; e contém em si as outras santas doutrinas, e dá riquezas esprituaaes e consolações. (*Boosco deleitoso*, p.17-8)

Em sentido semelhante, no *Orto do esposo*, o autor anônimo lembra o leitor de que nas sagradas escrituras estão todos os conhecimentos necessários para se levar uma vida virtuosa:

---

príncipes de Avis.

13 Sobre como a filosofia medieval é influenciada ou, na verdade, ela é inteiramente uma teologia, ver: Gilson, 1995.

A Sancta Escriptura contem em sy toda sabedoria, onde diz Sancto Agostinho que qualquer cousa que o homẽ aprender fora da Sancta Escriptura, se cousa he danossa que empeeça, aly achara per que seya condẽnada, [e sse cousa he proueytosa], em na Sancta Escriptura a achara. E diz outrosy que nõ há hi leteras que seiam conparadas aos dous preceptos do Senhor Deus, convem a saber amaras Deus sobre todallas cousas, e o teu prouximo como ty meesmo, emnos quaaes he toda arte e toda sciencia, ca aly he a fisyca, ca todallas cousas e as razõões das naturas som em Deus, aly he a filosafia, ca a boa vida nõ se forma per outra guisa senã amãdo o Senhor Deus, aly he a logica, ca o lume da alma nõ he senõ Deus, aly he a saude e a mãtẽẽça da prol comunal, ca a cidade nõ ode seer edificada nẽ guardada senõ per liamẽto da fé. (*Orto do Esposo*, p.40)

A Bíblia, como se vê, era a fonte privilegiada dos autores medievais,[14] pois, por conter as Santas Doutrinas, o texto bíblico ditava as normas do que era verdadeiro num mundo ordenado pela fé. Desse modo, os discursos proferidos, escritos na Idade Média, conheciam um poderoso mecanismo de sustentação: a verdade transcendente.

Os trechos dos livros *Boosco deleitoso* e *Orto do esposo* demonstram a importância atribuída ao texto bíblico como fonte para novos escritos e para sustentação da verdade – mas dada a importância de tais temas, retornaremos a eles em momentos apropriados. No entanto, os textos supracitados abrem espaço, também, para questionarmos a influência das obras monásticas em Portugal. A cultura monástica foi a primeira responsável pelo ajuntamento de livros e composição de novas obras em Portugal, já no século XII, onde aparecem dois centros intelectuais importantes: Santa Cruz de Coimbra e Alcobaça (Mattoso, 2000, p.355). No período em questão, a produção monástica concorre com a produção cortesã – que, como já vimos, ganhou impulso com a ascensão da dinastia de Avis –, pois datam do final do século XIV e do

---

14 A importância da Bíblia na sociedade medieval é bastante conhecida. Inúmeros autores mencionam e analisam essa importância. Para uma apreciação mais específica sobre a apropriação e a circulação do texto bíblico, ver: Lobrichon in: Le Goff; Schmitt, 2002, p.105-17. Sobre as influências do texto bíblico na literatura portuguesa, ver: Martins, 1979; Silva Neto, 1958.

século XV alguns tratados oriundos dos monastérios que tinham como principal matéria discutir as questões relativas aos mistérios da fé; são eles os já citados *Boosco deleitoso* e *Orto do esposo*, e ainda, o *Virgeu de Consolaçon* e *Corte enperial*. Tais tratados parecem ter tido uma relativa circulação no meio cortês, tendo em vista que dois desses textos são arrolados no inventário da biblioteca duartina (*Livro dos conselhos de El-Rei D. Duarte*, p.206) – *Corte Enperial* e *Orto do Esposo* –, o *Virgeu* é bastante citado na principal obra de D. Duarte, o *Leal conselheiro*. Já o *Boosco deleitoso*, por seu conteúdo igualmente moralizante, pode ser enquadrado nesse, digamos, projeto que visava o regramento moral.

Para além dos tratados citados, a sociedade cortês portuguesa se alimentou da influência monástica em vários sentidos. É sabido, por exemplo, que os clérigos tinham uma significativa importância no funcionamento da corte régia. Em Portugal, mesmo antes do século XIV, havia a Capela, que pode ser definida como um "conjunto dos clérigos que se ocupam do culto religioso no séquito régio" (Gomes, 1995, p.110). Os clérigos que ocupavam essa Capela tinham por obrigação estarem à disposição do rei, tanto que D. Duarte, antes mesmo de ser rei, compôs uma ordenança para regulamentar os horários e os dias que os clérigos pertencentes à Capela tinham de cumprir (*Livro dos conselhos de El-Rei D. Duarte*, p.221). No entanto, é dada primazia aos dias de comemorações religiosas: "[...] que todos estes e todos outros seus capellães uenham a capela de uespera de natal ata pasada a festa dos reys, e de uespera de ramos ate dous dias despois do tempo que seruyrem [...]" (ibidem, p.206; p.222). Nesses dias de festividade religiosa, a presença de todos os clérigos pertencentes à Capela era de suma importância, pois todos os ritos e cerimônias nesses dias estavam centrados na Capela (Gomes, 1995, p.314). Porém, não somente nos dias de festividade religiosa a Capela tinha importância, pois D. Duarte, por exemplo, relatou seu cotidiano revelando que quase todos os dias, logo bem cedo, ouvia as missas:

> Os mais dos dias bem cedo era levantado, e, missas ouvydas, era na rollaçom ataa meo dia, ou acerca, viinha comer. E ssobre mesa dava odiencias per boo spaço. E rretrayame aa camera, e logo aas duas oras pos meo

dia os do consselho e veedores da fazenda erom com mygo. E aturava com elles ataa IX oras da noite. E desque partiom, com os oficiaaes de minha casa estava ataa XI oras. (D. Duarte, 1942, p.69)

Além de chamar atenção para o dever diário de assistir às missas, D. Duarte também nos conta como era o seu dia a dia. Para além da subjetividade do relato do nobre, os tratados pedagógicos dos príncipes de Avis nos dão mostras das obrigações cotidianas daqueles homens – tal tema será retomado no segundo capítulo. Dentro desse quadro de hábitos benéficos para os homens de corte, há de se destacar a presença dos livros – *Livro da montaria* e *Livro da ensinança de bem cavalgar toda sella* – que procuravam regrar as práticas desportivas valorizadas. Nesses tratados, percebe-se uma grande preocupação com a disciplina do corpo, principalmente nos ensinamentos das artes e ciências[15] de bem cavalgar e de caçar. São preparados tais tratados no contexto em que se nota o fim do Trovadorismo e o florescimento da prosa laica em Portugal, movimento do qual resultaram alguns produtos significativos: a *Crônica Geral de 1344* e o *Livro de linhagens do Conde Dom Pedro*; o *Livro d'alveitaria* de João Martins Perdigão e o *Livro de falcoaria* de Pero Menino, que são anteriores aos dos governantes de Avis, datando do governo de D. Dinis e tendo servido como inspiração e fonte para os escritos avisinos (Dias, 1997, p.11).

Essa prosa doutrinal composta pelos príncipes, no entanto, visava uma circulação, sobretudo, entre nobres, príncipes e reis. Além dos modelos de conduta para a nobreza de corte, esses tratados, retomando

---

15 O termo arte na Idade Média tinha uma acepção diferente da atual, estando ligado, sobretudo, ao "saber fazer", portanto, ao domínio de uma técnica, evocando uma habilidade ou um dom que pressupõe uma qualidade, ou mesmo uma virtuosidade de "bem fazer". Para os medievais, e não são diferentes os autores da corte de Avis, a arte e a ciência estavam ligadas ao fundamento prático dos saberes, ou seja, à necessidade do domínio de determinadas técnicas e à aplicabilidade delas. Essas técnicas, por sua vez, têm uma amplitude de significações, remetendo-se tanto a um ofício, como também a prescrições morais que conduzem ao bem viver; ou seja, compõem um conjunto de práticas morais que, bem executadas, conduzem a uma vida virtuosa (Casado, Breve léxico tomista, in: Aquino, 2001; Braunstei, Artesãos, in: Le Goff; Schmitt, 2002, p.83-90).

a tradição dos antigos "Espelhos de príncipe", também estabeleciam as normas do que era ser um bom monarca nesse período (Buescu, 1996, p.46-52). Em poucas palavras, o príncipe ideal deveria fazer reinar a paz, praticando a justiça e, para conseguir impor esses ideais, deveria acumular três virtudes principais: a fortaleza, a sapiência e a bondade (Guenée, 1981, p.116). Essa literatura especular tinha tanto a função de fixar imagens dos príncipes como ensinar os contemporâneos com tais modelos. O primeiro modelo retomado é o da personagem bíblica do rei Davi: "[...] desto podedes auer exemplo do rrey Dauid [...]" (D. João I, 1981, p.22), e depois seguem os modelos forjados pela tradição dos Espelhos desde a Antiguidade Clássica.[16] D. Duarte, no *Leal conselheiro*, tenta resumir que "cousas perttecem aos Rex e a outros senhor[e]s pera seerem prudentes, e per que modo o podem seer", para tanto, utiliza-se do livro do *Regimento dos príncipes*[17] e aponta oito propriedades da função real:

> [...] Renembrança das cousas passadas. [...] deve aver avysamento, magynando o que ha dacontecer, e per que maneira mais asynha avera seu proposito. Deve ainda de sser entendido e sabedor, que saibha lex, e custumes, e reglas de direita razom, as quaaes lhes sejam pryncipios e fundamentos de que proceda em seus feitos. E perteecelhe de sseer razoavel pera maginar quaaes camynhos e modos pode tirar daquellas reglas pera aver o que deseja. Comprelhe outrossy aver sotilleza pera seer achador dos bees que som compridoiros ao seu poboo. [...] he necessario ao senhor aver muytas speriencias de conhecer o sseu poboo pera o saber melhor reger e ordenar aa fym que ha daver. A pestumeira propriedade que há daver, he que seja sages, por que assy como nas sciencias per vezes se ajuntam (a)as falssidades com as verdades, e penssa homem que todo he verdade, assy nos feitos e obras que homem há de fazer aos poboos se ajuntam os

---

16 Os escritos mais utilizados durante a Idade Média foram: os Poemas Homéricos, os escritos de Sólon, as poesias de Píndaro, os tratados de Heródoto, a *República* platônica, a *Política* Aristotélica, entre outros autores, como Cícero e Sêneca, que influenciaram diretamente os tratados doutrinários produzidos na corte de Avis.

17 O rei D. Duarte não declarou a autoria do livro *Regimento dos príncipes*, no entanto, na edição crítica de Joseph M. Piel ele aponta que se trata do texto escrito pelo Egídio Romano.

maaos e parecem boos, e nom o(s) som. [...] Devem ainda magynar os proveitos que podem vĩir aas suas terras, e os malles que sse lhes podem seguyr, e assy averem avisamento pera se poder guardar do mal e mais tostemente aver o bem. Outrossy devem conssiirar os boos costumes e boas lex, e quanto mais em elles souberem, tanto serom mais saberdores. (D. Duarte, 1942, p.218-20)

O melhor exemplo dessa tradição é, porém, o *Livro da virtuosa bemfeitoria*, do Infante D. Pedro, um tratado de moral e de política, cuja preocupação fundamental é refletir sobre a organização da sociedade, sobre o fundamento ético da governação, sobre os hábitos e costumes; tudo isso filtrado pelo pensamento cristão, mas com recorrências frequentes à autoridade de Cícero, Platão, Galeno e Valério Máximo, e a retomada maciça do livro *De benneficiis* de Sêneca (Mongelli, 2001, p.313). Esse tratado é endereçado basicamente aos príncipes e reis, pois a eles mais do que a qualquer outra pessoa cabia a função de distribuir benfeitorias. Além das características apontadas acerca desses escritos, esse livro também apresenta a justificativa para o poder régio, ressaltando sua origem divina e apresentando os motivos pelos quais os súditos deviam respeitar o rei e lhe serem leais:

> Deus que he geeral começo e fim, poendo graaos em as cousas que fez, ordenou per tal guisa o estado dos homeẽs que em cada huũ he achada mingua, e nenhũa condiçom he tanto ysenta que em faleçimento nom aia sua parte. E por sse manteer tal hordenança, prouguelhe de poer natural afeyçom perque sse aiudassem as suas criaturas. E liou spyritualmente a nobreza dos prinçipes e a obedeença daquelles que os ham de seruir com doce e forçosa cadea de benffeyturia per a qual os senhores dam e outorgam graadas e graciosas merçees. E os sobdictos offereçem ledos e uoluntariosos seruiços aaquelles a que por natureza uiuem sogeytos, e som obrigados por o bem que rreçebem. (D. Pedro, p.533)

No decorrer dos escritos do fundador da casa de Avis e de seus filhos, a dimensão moralista, pedagógica, abarca diferentes esferas do cotidiano e estrutura-se a partir do diálogo direto com a tradição da escrita na Idade Média, que valorizava acima de tudo o conhecimento edificante. Mas se uma das dimensões privilegiadas nos tratados doutrinários da corte de Avis era a divulgação dos valores morais cristãos, a essa pedagogia religiosa ligava-se o empenho político, pois, como afirma Joel Blanchard e Jean-Claude Muhlethaler (2002, p.2), não se pode minimizar a dimensão política dos escritos medievais. Esses escritos procuravam justificar a ordem social como natural e divina, conferindo ao rei o lugar de destaque e estabelecendo modelos de governação e de conduta para os príncipes segundo os modelos da literatura especular, tão apreciada pelos homens de saber na Idade Média. Nesse cenário pedagógico, político e religioso, a imagem da perfeição principesca a servir como exemplo se dividia entre as condutas de um bom cristão e de um bom administrador, e se afirmava pela ideia de modelo, de exemplo para os demais membros da sociedade.

A dimensão variada das temáticas desses tratados normativos encontra-se em sintonia com a ideia de que o homem está sujeito a preceitos sociais, religiosos e morais, embora na Idade Média essa separação não seja assim tão clara, tendo em vista que as normas morais eram ditadas pela crença cristã, e a dimensão social, muitas vezes, estava sujeita aos imperativos morais e religiosos (Leclercq, 1967, p.4-11). Dessa forma, além das preocupações pedagógicas descritas até aqui, os tratados demonstram a variedade de matérias de que esses autores se ocupavam, pois o principal objetivo desses homens era regulamentar os diversos âmbitos da vida social e particular de seus leitores. No segundo capítulo, ocupar-me-ei dessa variedade de ensinamentos para tentar sistematizar os valores que esses autores construíram para dar conta das técnicas cotidianas que o bom cristão deveria ter para alcançar a salvação e a boa vivência com seus semelhantes. A seguir, veremos como a valorização da escrita é o meio para a realização de um ideal maior: o aperfeiçoamento moral.

Os escritos quatrocentistas: retomada, renovação e técnicas de elaboração

Ao impulso de valorização do escrito, soma-se a valorização da língua vernácula. Nesse período, Lisboa fixou-se como o centro do reino, e juntamente com Évora, Santarém e Coimbra formaram os grandes centros da cultura portuguesa até finais do século XV, tornando-se, consequentemente, o centro da língua portuguesa. Essa centralização cultural e linguística possibilitou a solidificação e o amadurecimento da língua portuguesa, permitindo aos autores estabelecer e encontrar alguns parâmetros de escrita (Marques, 1987b, p.400). Tal amadurecimento da língua vernácula e também a necessidade de divulgar determinadas matérias entre os nobres, que nem sempre eram conhecedores do latim, fizeram com os autores quatrocentistas se preocupassem em escrever em português e traduzir escritos relevantes de outras línguas. Ilustrativa dessas preocupações é a dedicatória do *Livro dos ofícios de Marco Tullio Ciceram o qual tornou em linguagem o Infante D. Pedro Duque de Coimbra*:

> Por que todos meos poderes e forças mais que a outrem que em este mundo viva som theúdos de a vos servir de quaaes quer mynhas boas obras ou trabalhos proveitosos: Eu queria que vos ouvessees o principal logramento. E por que eu nom sey per que aventuira se acertou que huu livro [...] o qual Tullio compos, e chámasse *Dos Ofícios*, em este anno passado tomey afeiçom a leer per elle. E quanto mais liia, tanto me parecia melhor e mais virtuoso, e nom soomente a mym, mas assy parecia a algũus outros a que eu liia em portugues algũus seos capitulos, em tanto que per elles algũas vezes fuy requerido que tornasse este livro em esta linguagem. *E esguardando eu como todo bem quanto a mais presta tanto he melhor, e nom embargando que o latim na christandade he mais geeral que o portugues, em Portugal esta linguagem he mais geeral que o latim, por aproveitar aos portugueses amadores de virtude que nom som ou ao diante nom forem latinados*, Eu me despus ao trabalho de tornar este livro em nossa linguagem [...] que eu o fiz por que bem nem mal tornado nom avia este livro em portugues e entendi que tal quejando podesse seer tornado per mym, proveitoso seria de o aver hy. E ainda entendi que, prazendo

aa vossa mercee ou algũu outro a sua mui virtuosa enssynança de que elle trauta, que se trabalharia de buscar quem o treladasse mais certo e em milhor linguagem. (D. Pedro, 1981, p.769-71, grifo meu)

A valorização da escrita vernácula ainda pode ser percebida no inventário da biblioteca Duartina. De início, o inventário traz uma divisão entre os livros "De latym" e os "lingoajem". Embora não se possa afirmar que tal divisão era também espacial, ou se ela foi feita apenas por quem se encarregou de fazer o inventário, mesmo assim, essa divisão não deixa de ser significativa, pois os livros de "lingoajem" são consideravelmente mais numerosos do que os de "latym", porém, não há uma divisão entre o português e o castelhano – que junto com outras línguas peninsulares também estava representado (Buescu, 2007, p.145). Desse modo, podemos concluir que a língua vernácula já era privilegiada na composição de novos textos, porém falta-nos pensar quais eram as formas de escrita usadas por esses autores. Por meio da análise dos textos dos príncipes de Avis, mas também dos tratados monásticos, identifiquei a primazia ainda conferida à compilação – como uma forma de retomada da tradição –, à escrita coletiva – utilizada pelo rei D. João – e à utilização do recurso da alegoria – forma privilegiada para tratar o mundo vivenciado por esses homens.

Nesse empenho em difundir os livros, os letrados de Avis nada mais fazem do que atualizar um tópico que é corrente entre os medievais e que vai para além dos interesses portugueses, a procura pela verdade[18] das coisas, uma verdade única, que só pode ser encontrada por meio de uma vida regrada pelas normas ditadas pelos sábios e autoridades do conhecimento. Um bom exemplo do valor dado à palavra e aos exemplos dos sábios é o livro *Virgeu de Consolaçon*, uma obra anôni-

---

18 Para os homens da Idade Média, a verdade era o fundamento da vida. Tomás de Aquino, lembrando uma das proposições agostinianas, aponta que a "verdade é aquilo que é", portanto a verdade é o próprio ente. No entanto, como somos criaturas de Deus e, como criaturas, carregamos a substância do criador. É assim com todas as criaturas, cabe ao homem, por meio dos sentidos, conhecer a verdade das coisas sensíveis que conduzem à verdade transcendental. Ver: Mattos, "Introdução", in Aquino, 2000; Lauand; Sproviero, in: Aquino, 1999.

ma que trata dos pecados e das virtudes. Dividido em cinco partes, as duas primeiras abordam os pecados e as três últimas correspondem às virtudes que agradam a Deus. A argumentação do autor dirige-se primeiramente à descrição da matéria tratada; em seguida, ele recorre às autoridades que trataram de tal tema: Santo Isidoro, Santo Anselmo, São Bernardo, São Gregório, Santo Ambrosio, Santo Agostinho, São Jerônimo, Sêneca, Aristóteles, além das citações bíblicas.

> E portanto trabalhey com gram desejo de juntar esta obra en louvor de Deos e a proveito de todos, specialmente daqueles que quiserem propoer a palavra de Deos, porque em esta obra acharõ geeral avodança de auctoridade de sanctos, e d'algũus sabedores, que daram odor de gram plazer, assi como flores ajuntadas de desayradas maneyras e de desvayrados logares. E portanto esta obra he chamada *Virgeu de Plazer e de Consolaçon*, porque bem assi como no virgeu son achadas flores e fructos de desvayradas maneyras, assy en esta obra son achadas muitas e desvayradas auctoridades, que dam plazer maravilhosamente ao coraçon daquel que as cõ voontade leer ou ouvir. E por que aquelas cousas que em esta obra son juntadas sejam mais declaradas e achadas mais certo, esta obra se departe en cinquo partes e em seteenta e VIIJ capitolos. (*Virgeu de Consolaçon*, p.3)

No trecho, o autor do *Virgeu* declara que sua obra é o resultado do ajuntamento de vários textos das consideradas autoridades do saber, além disso, essa declaração feita logo no prólogo denúncia que a compilação não somente é o método usado pelo autor como também justifica o porquê da existência da obra. Assim, o anônimo revela a sua crença na importância de se fazer conhecer determinados textos que ajudariam na formação espiritual dos seus leitores.

A compilação, para os medievais, não era um problema, pelo contrário, um texto só tinha validade se dialogasse diretamente com a tradição e com as verdades que essa tradição partilhava, ou seja, o modelo já havia sido traçado pelas autoridades do saber, e o escrito só era justificável se demarcasse uma linha de união contínua com o passado, que dava autoridade para os novos escritos (Esteves, 1998, p.5-15). D. Duarte, ao advertir o leitor de que alguns capítulos ele transcreveu de outros livros, justifica usando a modéstia,[19] alegando que outros sabiam mais sobre tais matérias e poderiam ajudá-lo:

> Fiz tralladar em el algũus certos capitollos doutros livros, por me parecer que faziam declaraçom e ajuda no que screvia. E no compeço delles sse demostra donde cada hũu he tirado, filhando em esto exemplo daquel autor do Livro do Amante que certas estorias em el screveo de que se filham grandes boos conselhos e avisamentos. E conhecendo meu saber pera esto nom suficiente, nom ey por empacho seer ajuda de taaes ditos e seerem assy compridamente aquy tralladados, posto que o seu muy boo e fremoso razoar no por mym scripto faça grande abatimento, por que mais quero aproveitar aos que o virem, ca encobrir esta minguada maneira de meu screver. (D. Duarte, 1942, p.6-7)

O problema da compilação na Idade Média, ou melhor, a falta de problema em reproduzir passagens alheias vai mais além. No século XVII, dois dicionários franceses definiam o autor como aquele que escreveu um texto, mas também que fez circular sua obra por meio da impressão, diferentemente dos escritores que apenas compunham livros (Chartier, 1998, p.45). Nesse período posterior ao que tratamos, o escritor era definido como aquele que apenas acrescenta o seu discurso ao dos outros, não passando o seu inventar de um ato de demonstrar, dar luz à tradição, fixando-se nela. Para os medievais, por sua vez, essa diferenciação do fazer de um autor e do fazer de um escritor não era possível, pois a noção de autor se confundia com a do escritor, tido como mediador entre a tradição e a criação, entre a memória e a invenção. Assim, a designação de autor remetia também aos executores ou divulgadores dos saberes, como os copistas, tradutores, glosadores, enfim, todos aqueles ligados à função da escrita. Antes que a noção moderna de autor como de proprietário e responsável por seus escritos se impusesse (Foucault, 1992) eram, portanto, comuns os casos de traduções ou mesmo de simples cópia,

---

19 A tópica da falsa modéstia foi muito utilizada pelos autores medievais, configurando-se como uma forma de ganhar a simpatia dos seus leitores e convidá-los para uma boa leitura (Curtius, 1996, p.126-8).

em que os escribas acrescentavam ou tiravam algo dos textos que eles copiavam, como também as citações de um ou outro texto não significavam que o mesmo era conhecido por aquele que citava, pois às vezes eram referidos a partir de outros textos.

O caso do *Virgeu da Consolaçon* merece ser destacado, pois não se trata somente de uma compilação. O autor selecionou e organizou trechos de livros que falavam das matérias tratadas na sua obra, retomando uma forma de compor os textos ligada às conhecidas antologias medievais, como é o caso do *Livro das cintilações* (*Líber Scintillarum*), também conhecido como o *Livro das fagulhas*, escrito em torno do ano 700, pelo Defensor de Ligugé, monge do mosteiro de Ligugé (Lauand, 1998, p.123). Como o anônimo autor do *Virgeu*, ele descreve o seu fazer:

> Leitor, quem quer que tu sejas, que lês este pequeno livro, eu, que o escrevi, rogo-te que o leias com alma e acolhas com gratidão estas saborosas sentenças. Com exceção do trabalho e da boa vontade, nada há aqui de meu. Das palavras do Senhor e de seus santos, destacaram-se estas cintilações que, também elas, não se devem a meu engenho, mas unicamente à graça de Deus e a meu mestre Ursino, que me encarregou deste trabalho e ensinou-me a fazê-lo. *Desejoso de obedecer, perscrutei páginas e páginas e, ao deparar uma sentença fulgurante, colhia-a com diligência de quem encontra uma pérola ou gema. Tal como uma fonte, que se faz de muitas gotas, assim reuni testemunhos de diversos volumes para tentar compor este opúsculo.* (apud Lauand, 1998, p.131-2, grifo meu)

Contudo, o caso mais comum nos escritos dos séculos XIV e do XV era o das compilações como prática subliminar, em que o autor não revelava as suas fontes. Esse modo de compor os livros, retomando, mas sem compor antologia, ou seja, sem tomar a coletânea como alvo, é o modo mais utilizado pelos escritores da corte de Avis. Os estudos sobre a produção da época apresentam esse problema como recorrente tanto no *Orto do esposo* quanto no *Boosco deleitoso*. No *Orto do esposo,* as notícias sobre a autoria e a composição da obra são difusas e imprecisas, mas o que parece consenso é que o livro resulta de uma compilação de vários autores, porém, não assumida ou explicada.[20] Já os estudos acerca do *Boosco deleitoso* admitem a influência de Petrarca nessa obra, ou mesmo o cruzamento linha a linha, em algumas passagens desse livro e o conhecido *De vita solitária*, de Petrarca.[21]

Outra forma utilizada para elaboração das obras nesse período era a escrita coletiva, pois se entendia que o pensamento não era de um só e a tradição tinha um valor elevado, portanto, nada mais justo do que recorrer aos que mais sabiam sobre determinada ciência ou arte (Amora, 1948, p.51). É o caso do rei D. João I no seu *Livro da montaria*: "aqui se começa o liuro da Montaria, o qual he tomado, e ajuntado com acordo de muytos e bõos monteiros" (D. João I, 1981, p.7). Outro exemplo semelhante é do Infante D. Pedro, embora ele tenha contado somente com frei João Verba, seu confessor, no *acabamento* do seu *Livro da virtuosa bemfeitoria*.

Além da compilação e da escrita coletiva, os autores quatrocentistas usaram em demasia o recurso da alegoria com o intuito de explicar a sua realidade. Para os antigos, a alegoria era um processo construtivo em que se substituía um pensamento por outro que se ligava ao primeiro por uma semelhança nos seus fundamentos. Na Idade Média, essa técnica metafórica de elaboração dos textos foi bastante usada para personificar as abstrações e os simbolismos construídos pela religiosidade cristã. Encontramos variados exemplos da utilização dessa técnica, um deles é modelar, pois se encontra na obra de Tomás de Aquino, na qual a referida técnica é usada como recurso de interpretação dos textos bíblicos, visando o sentido não literal das histórias.

Já no que diz respeito ao universo da língua portuguesa, outro uso corrente da alegoria foi harmonizar os textos do Antigo Testamento

---

20 Um bom levantamento sobre os estudos realizados sobre o *Orto de esposo* que consta também de um estudo sobre as temáticas recorrentes nessa obra é: Fernandes, A pedagogia da alma no *Orto do Esposo*, in Mongelli, 2001, p.53-105; Martins, 1956, p.131-43.

21 O primeiro a levantar essa tese foi o padre Mário Martins, mas mesmo os estudos mais recentes admitem essa influência de Petrarca sobre o anônimo autor do *Boosco deleitoso*. Ver: Martins, Petrarca no *Boosco deleytoso*, in Martins, 1956, p.131-43. Para uma atualização bibliográfica, ver: Mongelli, 2001.

com o Novo, na tentativa de procurar os significados espirituais.²² É o caso, por exemplo, do livro *Corte enperial*, em que surge a alegoria das três cortes que formam a corte do título, a relação entre o sentido temporal e espiritual se dá do seguinte modo: a primeira corte é a do "Celestial Imperador", presidida por Cristo que, cercado por belas flores e árvores de bons frutos, entra em debate com a segunda, a "Corte da eternamente esposada Igreja Triunfante", preocupada com os inimigos da fé e com o doutrinamento dos infiéis. A representante da Igreja Triunfante era uma bela rainha, com uma coroa de estrelas e a lua aos pés, esposa eterna de Cristo (Mongelli, 2001, p.5). A terceira corte, da Igreja Militante, é localizada pelos lados do Oriente e surge acompanhada pelas multidões de povos judeus, gentios, mouros, que se utilizavam dos seus sábios para argumentar contra as verdades da fé, mas que no final da disputa se rendem à corte da Igreja Militante, que tem as chaves do reino cristão e está carregada pela sabedoria e por provas da existência de um Deus único, contidas nas Sagradas Escrituras (Calafate, 1999, p.534).²³

Na construção desse cenário, o que se nota é uma tentativa de pôr em cena, em sentido figurado, as polêmicas religiosas do tempo; em outras palavras, por meio da dramatização é apresentada uma interpretação do contexto das divergências religiosas, em que deveria sair vitoriosa, por sua superioridade, a fé cristã (Mongelli, 2001, p.25). Como ressalta Adeline Rucquoi (1995, p.215), nos reinos da península ibérica, a reconquista do território aos infiéis para entregá-lo à Cristandade configurou-se como uma missão para os nobres. Além disso, a busca de uniformização territorial estava amparada na unidade de crença, justamente proposta no *Corte enperial*, quando unifica o inimigo religioso, político e militar. No trecho a seguir, podemos observar como, por meio da alegoria, destaca-se a Igreja, representada no tratado como a Rainha Militante, esposa de Deus no plano terreno, e como esta demonstra a preocupação dos cristãos com o doutrinamento do infiel:

---

22 Cf. Casado, Breve léxico tomista, in Aquino, 2001, p.824. Ver também: Hansen, 2006.
23 Ver também: Mongelli, 2001.

E logo ella [a Rainha Militante] ficou os giolhos em terra ante o Enperador Çelestial. E elle a tomou per a maão e dise.lhe: "Ven.te, sposa minha, fremosa minha, ponba minha, ven.te. E seeras coroada. E poer.te.ey na cadeira real, que muito cobiiço a tua fremusura"[...] E elle a beyjou na boca. E assentou.a em a outra cadeira que estava aa seestra parte. E dise.lhe asy: "Eu te estabeleço sobre as gentes e sobre os reinos e te dou poder que destruas e desfaças as maldades e as falsidades e plantes as virtudes e a verdade. E aquello que tu determinares sobre a terra será determinado em no çeeo. E a ty dou as chaves dos reynos dos ççeos". Entom lhe pos na cabeça hua coroa real. (*Corte Enperial*, p.14-5)

Outro livro que segue essa perspectiva alegórica é o *Orto do esposo*: uma compilação de várias fontes, que tem como objetivo instruir os cristãos a ensinar a doutrina cristã e sua temática central, ficando no campo religioso, como no caso do *Corte enperial*. A argumentação do autor anônimo vale-se dos *exempla*[24], que servem como instrumento de persuasão da pregação religiosa. O *Orto do esposo* é composto por quatro livros, sendo o último o mais extenso: no primeiro livro, *Do nome de Jesus*, o autor faz um longo estudo sobre a importância do nome de Jesus para a salvação da alma e também faz uma exaltação de sua figura; no segundo livro, a descrição detalhada da natureza e outras coisas presentes tanto na Santa Escritura como no paraíso e na terra; o terceiro livro, *Da utilidade e condições da Santa Escritura e de como deve ser lida e ensinada*, é uma verdadeira apologia à Bíblia como a única fonte da verdadeira sabedoria; e o último livro é um pouco mais geral, sendo o seu fio condutor a descrição da condição humana na terra – o homem é inferior, se comparável a alguns animais; miserável, por estar ligado aos trabalhos mundanos; carregado de vaidades, incertezas, falsidades e com um fim único, a morte (*Orto do esposo*, p.23).

---

24 A utilização do recurso retórico do *exemplum* foi bastante comum na Idade Média. Em geral, ele é uma narrativa curta de caráter moralizante e que pode servir de paradigma em relação ao assunto de que trata. No *Orto do esposo*, o anônimo autor usa o recurso do *exemplum* da seguinte forma: no início de cada capítulo, faz uma explanação teórica sobre o assunto tratado, logo depois, para exemplificar o que foi dito, ele narra fatos e histórias com diferentes personagens, sempre com uma solução moral, seja para ser um exemplo de conduta ou de como não agir.

O gosto pelo recurso à alegoria nos escritos medievais se explica, em grande parte, pela vivência na Idade Média carregada de símbolos, "significados, referências, suprassentidos, manifestações de Deus nas coisas", em suma, "uma natureza que falava continuamente uma linguagem heráldica [...]" (Eco, 1989, p.72). Partindo desse princípio da estética do discurso cristão, as alegorias contribuíram para a construção simbólica da realidade, ou seja, serviram como uma forma de buscar um correspondente para a realidade das coisas e assim aguçar a curiosidade e a vontade dos homens para a decifração desse mundo ambíguo de fé e natureza (ibidem, p.75).

Um bom exemplo dessa construção simbólica da realidade é também o *Boosco deleitoso*. Nesse livro, a personagem central é um solitário que percorre um bosque, que por vezes é agradável e belo, mas em alguns momentos, é tenebroso e dificulta muito seu trajeto. No percurso ascético-místico descrito no livro, o solitário peregrino, guiado pelo Anjo da Guarda, põe-se a andar e a falar com vários santos, filósofos e com as personagens que representam as virtudes – a justiça, a temperança, a fortaleza, a prudência, entre outros – e os saberes cristãos, representados pela Santa Ciência da Escritura de Deus. Esse itinerário, no entanto, representa o percurso da alma do cristão, que procura respeitar a máxima do conhecimento de si (Calafate, 1999, p.546),[25] assumindo humildemente seu papel de pecador que, mediante a confissão para si mesmo desses pecados, percorre sua viagem solitária e mística até o monte da contemplação, onde, enfim, pode entrar em comunhão com seu esposo Jesus (*Boosco deleitoso*, p.339).

Esse caminho, por vezes duro e difícil, por vezes prazeroso e contemplativo, enquadra-se no modelo medieval de "marcha de Deus", no entanto, se os peregrinos se retiravam do convívio familiar da comunidade monástica ou senhorial para seguir os perigos de um trajeto para a terra Santa (Grabois, 1998, p.19), o peregrino da alma escolhe o ermo do bosque, motivando, pois, sua busca pela negação da vida social. A descrição do lugar escolhido pelo pecador anônimo revela a

---

25 Sobre como os medievais entendiam a alma e o percurso para a salvação, ver: Chenu, 2006.

ambiguidade de sua trajetória e, por sinal, dos ensinamentos que ele traz no seu livro: o bosque é associado ao caminho do aperfeiçoamento moral tanto por ser áspero e difícil de ser percorrido, como também se aproxima deste por ser saudável e prazeroso. A escolha do bosque para essa viagem espiritual é justificada logo no prólogo da obra:

> Este livro é chamado Boosco deleitoso porque, assi como o boosco é lugar apartado das gentes e áspero e êrmo, e vivem enele animálias espantosas, assi eneste livro se conteem muitos falamentos da vida solitária e muitos dizeres, ásperos e de grande temor pêra os pecadores duros de converter. Outrossi, em no boosco há muitas ervas e árvores e froles de muitas maneiras, que som vertuosas pera a saúde dos corpos e graciosas aos sentidos corporaaes. E outrossi há i fontes e rios de limpas e craras águas, e aves, que cantam docemente, e caças pera mantiimento do corpo. (*Boosco deleitoso*, p.3)

Essa fórmula, utilizada pelo autor do tratado, de dar exemplo e de buscar o exemplo de homens virtuosos que deveriam ser conhecidos de outros é bastante recorrente nos escritos da corte de Avis, que não perdiam de vista a máxima de São Jerônimo:[26] "A alma da arte de ensinar é o exemplo" (Defensor de Ligugé apud Lauand, p.150). Como a tradição já havia ditado as regras de conduta, nada mais válido que recorrer ao exemplo desses homens; assim, o exemplo não se configurava como um gênero específico na prosa doutrinal e, sim, como um meio de ilustrar os seus escritos (Ribeiro; Madureira, 1997, p.15). Porém, retomaremos no terceiro capítulo a importância conferida aos exemplos virtuosos, pois, de certa forma, como veremos, a leitura era também justificada e valorizada pelo seu caráter mais importante: por meio dela se aprendiam os bons exemplos que ajudavam no aprimoramento pessoal.

---

26 São Jerônimo (cerca de 347-419/420) era um estudioso da fé cristã e conhecedor do grego e do hebraico, tanto que a primeira Bíblia, a *vulgata*, foi traduzida por ele e até hoje é base para as traduções bíblicas.

2
CAMINHOS PARA A VIDA VIRTUOSA NA CORTE DE AVIS

No prefácio do *Leal conselheiro*, depois de seguir o que havia de comum nos prefácios medievais, mencionando que seu texto é em "nome do nosso senhor Jesus Christo" e que se dispôs a escrever a pedido de sua esposa, a "excelente Reynha dona Leonor", D. Duarte faz alguns esclarecimentos ao seu leitor para que este tenha uma proveitosa leitura. Esclarece, por exemplo, sobre a natureza do seu tratado, suas opções de escrita e o porquê de se ocupar em compor tal obra. Nas suas primeiras frases, menciona que seu livro trata de um ajuntamento de escritos voltados para o "[...] boo regimento de nossas consciencias e voontades [...]", e mais adiante define seu tratado como de "[...] moral e virtuosa sciencia [...] (D. Duarte, 1942, p.1). Anuncia, pois, sua preocupação em discorrer sobre a prática do bem e da virtude (Calafate, 1999, p.381),[1]

---

[1] Pedro Calafate faz uma leitura bastante comum sobre essa obra quatrocentista: ele analisa o texto como se os tratados pedagógicos da corte Avis fossem predecessores de um renascimento português. Além disso, ele procura traçar um plano ou esquema filosófico correspondente às teses desses autores. Ideia essa compartilhada por José Gama no seu *A filosofia da cultura portuguesa no* Leal conselheiro *de D. Duarte*, que vai além ao destacar nas linhas do nobre D. Duarte uma tese, ou uma construção da portugalidade. Outros autores tendem a buscar as temáticas contidas no livro e o expõe no quadro da literatura portuguesa do século XV, como o padre Mário Martins e Rodrigues Lapa, entre outros.

ou seja, em assumir a responsabilidade dada pelo "[...] nosso senhor de guardar seus mandamentos e os enssinar [...]" (D. Duarte, 1942, p.2), servindo-se do seu próprio *exempro* e das anotações do que vivera e de outros que ele fez "tralladar", pois faziam "[...] declaraçom e ajuda no que screvia [...]" (ibidem, p.6). Além disso, por se dedicar a preparar um tratado de ciência moral,[2] ele acrescenta as especulações sobre o ser humano e as virtudes que agradam a Deus.

Essa breve exposição das pretensões anunciadas pelo nobre D. Duarte, no entanto, é conduzida, como o restante do livro, pela ideia construída por ele acerca da Lealdade, que não pode ser vista simplesmente como um sinônimo de Fidelidade, mas sobretudo como uma obrigação, melhor, uma espécie de chamado simbólico para a prática das virtudes que ele expõe (Gama, p.94). Nesse sentido, como o próprio autor ressalta, esse livro é um ABC da lealdade, pois trata, num primeiro momento, do entendimento dos poderes e paixões, depois do bem alcançado pelos seguidores das virtudes e bondades e, por último, dos males e pecados a serem corrigidos. Mais do que uma prática, a lealdade, para D. Duarte, é o grande e principal fundamento da "ciência moral" que ele comenta, pois a lealdade é o

> [...] dereito conhecimento de nosso poder, saber, querer, memoria, entender, voontade, seguindo e possuindo virtudes, e dos pecados e outros falicimentos com emenda nos avisando, se mantem a nosso senhor deos e aas pessoas que se deve guardar. (D. Duarte, 1942, p.3)

Assim, D. Duarte revela sua confiança nesse fundamento ao expressar que a observância correta do seu ABC de lealdade, ou seja, o cuidado em "guardar" em "boo entender" a lealdade, as pessoas pode-

---

2 A ciência moral proposta por D. Duarte está ligada diretamente com a experiência, fundamento do saber para o autor, dessa forma, a ciência moral só tem validade na medida em que se coloca para a ação ou, melhor dizendo, no saber prático. A dimensão da experiência é um dos pontos mais importantes para esse autor, sendo ela entendida como o "desejo e avidez de saber, ao entendimento a obrigação de bem julgar, e à lealdade a necessidade e urgência de bem agir", assim, portanto, podemos dizer que a experiência é uma espécie de fundamento para as propostas duartinas. Para maiores esclarecidos, ver: Gama, 1995.

riam "[...]vyver em paz e boa concordia" (ibidem, p.386). Na exposição do conceito da Lealdade, o que D. Duarte reflete é sobre a obrigação cristã da ação, considerando que, para o cristão, o compromisso da lealdade é um chamado para agir em conformidade com a lei divina.

Um pouco diferente,[3] mas nem tanto, é o caso do seu outro livro, *A ensinança de bem cavalgar toda sella*, e os livros do seu pai e irmão – *Livro da montaria* e o *Livro da virtuosa bemfeitoria* – que partilham entre si o ensinamento de uma prática que deve ser regida pelo bem moral, ou seja, por atividades guiadas pela consciência do que é ser virtuoso. Isso é bom destacar, não se trata de nenhuma novidade; melhor dizendo, esses tratados, como as crônicas, a vida de santos, os romances de cavalaria, os livros religiosos, entre outros, assemelham-se pelo compromisso moralizante que assumem (Carvalho, [s.d.], p.297). Todavia, interessa-nos aqui atentar para uma preocupação partilhada pelos autores com o regramento das condutas visando o bem comum; ou seja, atentarmos para as práticas de si partilhadas por esses homens de corte na primeira metade do século XV em Portugal. Mais precisamente, a trajetória aqui proposta tem como objetivo a descrição dessas práticas de si tais como são apresentadas pelos principais autores do período em questão. Para tanto, o primeiro tema a ser trabalhado é o conhecimento, pois, para bem reger-se, o cristão deveria conhecer a si mesmo como criatura de Deus.

Conhecer-se para ser Leal

Seguindo o itinerário já proposto pelo rei D. Duarte, o primeiro momento de sua proposta moral é o conhecimento de si, uma noção ou princípio que remete aos antigos e que está subordinada ou acoplada a uma regra moral maior – o cuidado de si –, e, na sua origem, o conhece-te a ti mesmo é um dos preceitos délficos endereçados àqueles

---

3 Como já demonstrado no primeiro capítulo, esses outros livros que compõem o que comumente é chamado de literatura doutrinária de Avis diferem-se entre si pela natureza de suas descrições: o cavalgar, a caça e o regimento dos benefícios.

que vinham consultar os deuses. Na verdade, são três os preceitos, a saber: o *medèn ágan* (nada em demasia), ou seja, se queres consultar os deuses consulte o necessário e o útil e nada mais que isso; o *engýe* (as cauções), quando vieres consultar, não te comprometas, não faças promessas e compromissos que não podes cumprir; e o *gnôthi seautón* (conhece-te a ti mesmo), para que, quando fores consultar, te preocupares em examinar a ti mesmo e conheceres o que queres perguntar. Nesse sentido, o conhece-te a ti mesmo é uma regra moral do chamado e do despertar, primeiramente socrático, depois será retomado nos estoicos, nos cínicos e em epíteto.

No cristianismo, contudo, toda especulação sobre o homem está subordinada a Deus e, como exemplo, podemos recorrer à questão da natureza humana, que remete à história da criação narrada no Gênesis e identifica o homem como criatura semelhante a Deus. Essa semelhança com Deus trouxe aos filósofos e teólogos cristãos alguns problemas na interrogação sobre o princípio do conhecimento de si. Em suma, no cristianismo, a especulação sobre o homem passa pela constatação de sermos criaturas, portanto, subordinados a um criador que nos conduz a um fim sobrenatural e, como semelhantes, estamos destinados a carregar a substância de Deus e a reinarmos soberanos na terra (Foucault, 2006, p.3-24; Gilson, 2006, p.278-303).

O conhecer-se a si mesmo de D. Duarte, portanto, significava conhecer os seus poderes e paixões e, além disso, tal como diz D. João I, conhecer a própria natureza humana da criatura,[4] pois "[...] Deus criara os ceeos, e a terra, e todallas outras criaturas, que criara o homem, e quando o criou, que disse, façamos homem a simildom nossa [...]" (D. João I, 1981, p.7).

Tal concepção de criação é uma das bases do pensamento de Tomás de Aquino, para quem a interpretação da criação resulta em

---

4 Cf. Aquino, 1999, p.20, e Aquino, 2001, especificamente o *Tratado del hombre*. Além dessa relação entre o conhecimento e a criação estabelecida por Tomás de Aquino, ainda deve-se levar em consideração que, como criaturas, os homens são devedores do criador, não somente por ele ser a causa, mas, sobretudo, porque é por ele que se existe, porque nada que existe é o que é sem a ação criadora (Leclercq, 1967, p.175).

uma ambiguidade, pois todas as coisas criadas podem ser conhecidas justamente por serem criadas, no entanto, as criaturas e as coisas são inesgotáveis para o conhecimento humano porque são criadas por uma razão superior. Mas essa concepção do homem como criatura, de certa forma, pode ser considerada como uma herança da sabedoria hebraica, do antigo testamento, que resumidamente é uma sabedoria da salvação e da santidade. No cerne dessa sabedoria hebraica, a ideia de criação é a responsável por dar um sentido para a personalidade e para a liberdade humanas. Assim, como criaturas, os homens estão subjugados à carne perecível e passível dos erros, mas essa mesma carne ressuscitará, não pela vontade e ascensão humana, mas pela descida do criador, colocando o homem na posição de espera pelo destino já traçado por Deus, pois o homem não conquista, mas sim Deus concede (Maritain, 1964).

Na Idade Média, no entanto, o esforço especulativo que procurava conhecer o homem e a Deus era, de certa forma, uma tentativa de síntese entre a sabedoria hebraica que privilegia o divino, o transcendental e a sabedoria grega, puramente racional. Nesse sentido, a ideia da descida do criador foi recuperada no ocidente cristão e reformulada para originar a Lei da Encarnação, que pressupõe o valor mais positivo para a descida de Deus em forma de carne do que para a ascensão da natureza humana no final da sua trajetória. Assim, não é pelo esforço humano que a lei é cumprida, mas pelo dom herdado daquele que foi o primeiro a amar a criatura, e que desceu e encontrou os homens pela fé e pelo amor. Dessa forma, e somente por ela, o homem é capaz de dar bons frutos na sua sabedoria (ibidem, p.95 e 96). A formulação da ideia da descida de Deus, Lei da Encarnação, explicita a trajetória do cristão; ou seja, a vida terrena é somente um passo para o objetivo maior que é o encontro com Deus. Todavia, é no plano terreno que os homens precisam cuidar para que esse objetivo seja cumprido e é, por isso, que os tratados procuram delinear uma série de ensinamentos para o regimento de si – questão que retomarei mais adiante, tentando mapear as práticas valorizadas para o regimento de si.

Além das linhas gerais expostas, a Lei da Encarnação traz consigo dois pressupostos que merecem ser examinados mais demoradamente.

O primeiro é a ideia de Criação, que já anunciamos anteriormente; o segundo é o pressuposto do amor de Deus pelas suas criaturas. A ideia da metafísica cristã de que Deus participa com suas criaturas por meio do amor tem uma consequência importante dentro do que chamamos de práticas de si: é pela vivência no amor de Deus que os homens devem orientar suas práticas consigo e com os outros. Nesse sentido, como veremos no segundo tópico deste capítulo, pela vivência desse amor, o cristão deve renunciar a si mesmo para o bem do próximo. Antes de desdobrar esse ponto, porém, procurarei atentar para a importância do conhecimento de si nessa busca cristã pelo regramento moral, discutindo, de saída, a ideia da Criação, primeiro pressuposto da Lei da Encarnação.

A temática da criação é bastante corrente nos tratados escritos pelos príncipes de Avis. Esses autores preocuparam-se, de certa forma, em definir o papel do homem no plano terreno, ou seja, por meio da religiosidade, permanente na vida desses homens, eles procuraram explicar a realidade em que viviam. Para eles, pois, havia a necessidade de entender o homem e suas capacidades, definir a sociedade e estabelecer as regras de boa convivência nessa sociedade. Na busca em entender o homem e suas capacidades, D. João retoma o momento da criação:

> Disse Moyses, e disse a uerdade, que no primeiro começo, que Deus criara os ceeos, e a terra, e todallas outras criaturas, que criara o homem, e quando o criou, que disse, façamos homem a simildom nossa: e a occasiom porque disse Deus que o homem fosse criado a sua simildom, determinarom que [foi] por duas cousas. A primeira porque Deus sabia na sua alta sabedoria, que elle auia de ser homem, e por isso disse que o homem fosse feito a sua simildom. A segunda rezom he, porque elle queria fazer o homem razoauil, e por isso disse que o queria fazer a sua simildom; e depois que o homem assi foi criado foi razoauil e sabedor [...]. (D. João I, 1981, p.7)

Nesse trecho, D. João não apenas fala de Deus como a causa incausada, como introduz a questão da semelhança do homem com Deus e, portanto, da racionalidade humana como herança do divino. Para D. João, como para outros autores dos séculos XIV e XV, a razão é algo subjacente ao humano, o que nos difere dos outros animais e o que nos faz capazes de distinguir entre o bem e o mal. Na verdade, todo ato racional é naturalmente bom, pois a razão é dada por Deus (Gilson, 2006, p.398). Desse modo, o homem é o único ser possuidor do entender: "[...] uirtude que assi julga todas as cousas pollos sentidos, ou por coraçom" (ibidem, p.10);[5] e do entendimento: capacidade de aprender; de memorizar; de dar bom juízo ao que aprendeu; de declarar e ensinar o que bem sabe; de pôr em prática os ensinamentos; de ser firme e perseverante diante das regras; de ser temperado no comer e no beber; de não se deixar vencer por alguma paixão ou amor (D. Duarte, 1947, p.7-13). Se, para D. João I, o entender é uma virtude, para D. Duarte o entender é uma faculdade distinta da virtude, o entendimento. Diferente, porque a primeira é mais especulativa, enquanto a virtude é mais prática: "Eu faço deferença do entendimento, segundo nosso custume de fallar, ao entender, por que o entender partem os leterados em quatro ramos, scilicet entender agente, possivel, speculativo, e pratico" (ibidem, p.13). Dessa maneira, para D. Duarte, o entendimento está ligado à prática da virtude, e o entender, por sua vez, faz parte do fundamento do conhecimento do agir virtuoso (Calafate, 1999, p.396). D. Pedro, por sua vez, não classificou o entender ou o entendimento, somente apresentou o primeiro como algo que vem do espírito e não do corporal: "Segundo que ueemos que o entender porque he fundado em natureza spiritual he mais perffeyto que o sentir, o quall em a corporal sensualidade tem seu naçimento" (D. Pedro, 1981, p.565).

A razão, por sua vez, uma característica própria do homem, pode ser, também, um inimigo no cumprimento do bem moral, pois, por ser racional, o homem carrega consigo, segundo D. Duarte, as vontades. Para D. Duarte, as vontades humanas podem ser divididas em quatro partes: a vontade carnal, a vontade espiritual, a "prazenteira"[6] e "Tiba" (Viterbo, [s. d.]) e a vontade perfeita e virtuosa. A justificativa do autor

---

5 Para D. João, o entender compreende as coisas que pelos sentidos são mostradas; assim, as coisas são representadas pelos sentidos para o entender, o qual pela representação dos sentidos formula os conceitos. Somente com a formulação dos conceitos podemos julgar entre as coisas boas e más.
6 Prazenteiro: festivo, engraçado, alegre, que causa prazer e alegria.

para estabelecer essa separação é a necessidade de se conhecer cada uma das vontades de que somos tentados e, ainda, caracteriza a quarta vontade como sendo real prudência, pela qual distinguimos: "[...] o bem do mal, dos beens o mayor, e do mal o menos em todos nossos proprios feitos" (D. Duarte, 1942, p.18). Essa classificação duartina, mais especificamente a descrição da quarta vontade, tem como fundamento a liberdade de escolha da criatura humana, porque somos destinados à procura da fortuna em outro plano, necessariamente dependendo das nossas escolhas aqui na terra. Além disso, a interpretação cristã da relação entre o criador e a criatura é de independência entre eles, o que torna o homem capaz de traçar o seu caminho até o encontro com o criador (Leclercq, 1967, p.176).

No entanto, para além das vontades, o fato é que o humano é racional e essa razão, por ser um dom divino, se bem aproveitada, conduz o homem para o bem. Esse é um dos pontos mais importantes do "Socratismo Cristão", que convergiu na experiência mística da interioridade cristã (*Gnôti seautón* – conhece-te a ti mesmo),[7] e origina dois problemas a serem analisados: o consentimento do espírito ao bem e à consciência. Dois problemas que estão, na verdade, entrelaçados, pois, na construção da moralidade cristã, um dos fatores mais importantes é a redescrição do indivíduo como um duplo, alma e corpo, gerando assim a ideia de interioridade, de consciência julgadora das ações (Chenu, 2006, p.38). Para D. João I, a existência desse plano interior se dá pela constatação de que o homem possui virtudes e/ou faculdades – o entender, o entendimento, a vontade e o conhecer – que se relacionam entre si, sendo o conhecer a principal, e aquela que possibilita a relação do homem com seu meio, permitindo-lhe nomear e ordenar as coisas que por Deus foram criadas. No entanto, cumpre lembrar que, para esse autor, essas faculdades também fazem parte do corpo, e somente o conhecer é puramente espiritual, e por assim ser, lembrando as palavras de Santo Agostinho, somente pelo conhecimento podemos buscar a Deus.[8]

---

[7] Expressão utilizada por Gilson, 2006.
[8] Cf. D. João I, 1981, p.55.

Nessa construção moral inserida na obra de D. João, podemos observar que o conhecimento das coisas reais aparece como a via de acesso para Deus por dois motivos: o primeiro, porque pela integralidade da criação, conhecendo as coisas, podemos conhecer a nós mesmos, pois somos também criaturas de Deus; o segundo motivo, porque o conhecimento é necessário para a interiorização das regras morais. Na verdade, esse ponto merece uma reformulação e uma retomada das implicações de serem os homens racionais. Na medida em que Deus criou o homem dotado de razão, portanto, capaz de escolher entre o bem e o mal, a racionalidade surge também como criação de Deus, dada como benefício para o homem. Nesse sentido, torna-se pressuposto que as ordens divinas são ordens da razão; melhor dizendo, as leis naturais que foram ordenadas pelo divino são leis da razão, que podemos compreender, porque Deus nos criou racionais e capazes de entender a ordem imposta por ele. O que é do bem, pois, é da ordem da razão e o homem compreende naturalmente seguindo os ditames da sua própria razão (Rachels, 2004, p.89).[9] A virtude do conhecimento, por sua vez, é a procura pelo entendimento das leis da razão, que são inerentes ao homem, posto que interiorizadas no momento da criação. Deus deu ao homem a capacidade de entender essas leis naturais.

Por serem regras naturais, ou regras da razão, elas estão interiorizadas nos homens, pois, como já dito, a razão é uma herança divina. Isso implica de imediato que o ato do pecado vá contra a razão e contra o conhecimento verdadeiro das coisas. Ou seja, o consentimento interior discordante da lei natural é o bastante para determinar a infração moral (Gilson, 2006, p.421). Dessa maneira, a regra moral aqui discutida ainda leva em consideração a diferenciação entre a boa e a má intenção. Melhor dizendo, o pecado é anterior ao ato, por ser determinado pelo consentimento interior; assim, para os escritores de Avis, mais vale a

---

9 Podemos recorrer a Tomás de Aquino para esclarecer essa ideia. Diz o pensador: "Ora, o conhecimento dos princípios que nos são conhecidos naturalmente nos é dado por Deus, uma vez que Deus é o autor da nossa natureza. Por conseguinte, tais princípios naturais estão incluídos também na sabedoria divina. Portanto, tudo aquilo que contradiz tais princípios contradiz a sabedoria divina" (Aquino, 2000, p.143-4).

intenção que é anterior ao ato, pois reflete o consentimento positivo ou negativo. Com o objetivo de mostrar justamente isso, D. João I, nos primeiros capítulos do seu *Livro da montaria*, constrói uma série de justificativas para o privilégio dado por ele ao "joguo de andar ao monte". Ele responde às críticas que alertam para os pecados do "joguo", argumentando que o segredo de fazer bem as coisas e para o bem era fazê-las em exaltação a Deus e, também, remetendo-se a Santo Agostinho, ressalta a importância da intenção que se tem ao fazer tal coisa:

> [...] e diz S. Augustinho no Soliloquio, que nom disse Deus, que guardaria a fim dos dias do homem, mais que guardaria a que entençom, e a que propósito o homem fazia as cousas que fazia, ca diz S. Augustinho, que mais para Deus mentes a que fim o homem faz o que faz, que na obra que he feita, pois se a obra de andar ao monte fosse feita por fazer milhor o que lhe Deus mandou, todauia forçado seria a obra ser meritória. (D. João I, 1981, p.25)

A moralidade cristã tal como é pensada por esses autores surge como uma moral da intenção, ou seja, as atitudes evocam valores e um julgamento diante de Deus e dos homens, que não se dá somente pelo objeto em si de análise – a falta moral – mas pelo consentimento prévio do infrator, por exemplo: não é o ato de roubar em si que é pecado, mas a falha de julgamento que consente o ato de roubar (Chenu, 2006, p.19-20).

Além da racionalidade, da vontade e da intenção, a crença possibilitou aos autores aqui analisados entenderem os desígnios de Deus e, mais especificamente, a finitude das coisas. Melhor dizendo, diante da criação, esses homens puderam, então, aceitar que o mundo e todas as coisas são regidos por uma ordem racional, com valores e fins inerentes à sua própria natureza; e também entenderam que as coisas são como devem ser, pois servem às suas finalidades naturais.[10] Assim, para

---

10 A teoria da lei natural tem dois pontos importantes: o primeiro é apoiar-se numa certa concepção do mundo, segundo a qual ele seria regido por uma ordem racional com valores e fins inerentes à sua própria natureza; e, ainda, apoia-se na ideia de que as coisas são como devem ser, pois servem às suas finalidades naturais (Rachels, 2004, p.84-9).

os autores avisinos, as coisas são explicadas por serem dependentes (Silva, 2001, p.65) da lei natural, ou ainda, pela concordância de que as coisas são como são, pois elas obedecem ao curso natural construído pelo transcendente, já que Deus é "começador" e, ao mesmo tempo, "geeral começo e fim" (D. Pedro, 1981, p.763).

Para esses homens, a finitude da carne é encarada com valor positivo, porque o fim último da vida humana é um chamado para que os homens possam juntar-se a Deus, constituindo este o objetivo da vida, e também, a verdadeira possibilidade da *felicidade* (Maritain, 1964). Para ilustrar essa ideia, podemos recorrer ao relato do *Boosco deleitoso*. Nesse tratado, o anônimo peregrino da alma narra suas peripécias durante seu trajeto até "O alto monte, casa do Senhor Deus", onde enfim sentiu sua alma "[...] mui alegre razoando-se com o seu muito amado e seu esposo Jesu Cristo e Deus verdadeiro" (*Boosco deleitoso*, p.339). No *Boosco deleitoso*, o autor — que se distingue dos autores aqui tratados por não ser homem de corte — opta por narrar um mundo maravilhoso para ilustrar a trajetória da alma do cristão, passando pelo conhecimento de si, pela confissão dos pecados, depois pela penitência até o encontro com Deus para o julgamento final; trajetória que, portanto, é metáfora da lei natural acreditada pelos cristãos. Dessa maneira, a trajetória da alma do cristão tem como objetivo a união indissolúvel com Deus e, portanto, o alcance de uma outra vida, uma vida feliz, ou a *Beata Vita* (Heidegger, 1997, p.44).

Até aqui tratei da ideia do conhecimento de si, que tem como ponto de partida a concordância do cristão com o fato de ser criatura de Deus. Além disso, discuti, um pouco, sobre a principal consequência da criação: o homem ser criado à semelhança de Deus, e, por ser semelhante, o homem herdou de Deus a razão. No percurso, brevemente comentamos sobre o consentimento do homem em ser finito e que esse consentimento é derivado da lei natural das coisas. Essa lei natural das coisas, contudo, parece ainda influenciar os homens do século XV em outro sentido: a hierarquia dos seres e a hierarquia social são provenientes dos desígnios de Deus. Esses temas estão presentes, como veremos, nos tratados doutrinários, no entanto, quem mais se ocupou de dissertar sobre esse assunto foi o infante D. Pedro.

À semelhança de D. Duarte, também D. Pedro, nas suas primeiras linhas, refletiu sobre a sua motivação para se ocupar com a escrita do referido tratado, remetendo-se a Sêneca, o "grande philosopho moral", que observou que os benefícios eram erroneamente interpretados e que "[...] muitos usando como nom deuem, nom sabem fazer merçees, nem reçebellas, nem as agradecer [...]". D. Pedro, assim, assume a responsabilidade dada pelo seu irmão, o rei D. Duarte, de compor uma obra sobre os benefícios "com grande deseio de poer alguũn corregimento" (D. Pedro, 1981, p.534). Já no começo do livro, como podemos observar, ele revela o sistema pelo qual se guiara para descrever o seu objeto: o rastreamento do oferecer, receber e agradecer os benefícios (Mongelli, 2001, p.324). É também essa a fórmula pela qual D. Pedro entende as relações humanas, assim estabelecendo o seu doutrinamento moral. No entanto, o seu guia para descrever a prática dos benefícios está alicerçado na ideia de hierarquia dos seres, ou seja, na ideia de que Deus criou o mundo e pôs graus nas coisas que fez.

Todo aquello que de outrem procede ha seer per as causas de que traz naçimento, nem pode seer perfeitamente conheçido, se nom per aquella rraiz em que he fundado. [...] Çerto he que toda criatura per o seu criador recebe o começo, seendo feita de nenhũa cousa. E porem nunca sse pode fazer, que logo nom tenha falecimento, pois que do seer eternal he sempre minguada. E porquanto nom tem poderyo pera sse conseruar em o stado, que o seu fazedor lhe outorgou em a criaçom, tornarsya em nada, se a nom soportasse a Infynda bondade do seu criador. (D. Pedro, 1981, p.651)

Dessa forma, D. Pedro demonstra sua crença na providência divina, que surge criando e ordenando o mundo numa "cadeia hierárquica de entes". No passo de sua crença criacionista, o homem é o que é pela causa que o fez criatura e só pode ser conhecido por aquela raiz em que é fundado, ou seja, pelo grau de participação com o divino.

No escrito de D. Pedro participando os seus leitores de que a criatura tem no criador o seu começo, mas "seendo feita de nenhũa cousa", o infante, como esboçamos acima, admite a contingência da própria existência; e, também, na segunda parte do trecho citado, ele esboça a sua ideia de providência divina alertando que as criaturas se conservam em seu estado somente pela infinita bondade do criador. Para D. Pedro, a providência divina determina a "razom natural" das coisas e o porquê de elas serem ordenadas da maneira como são. Assim, os homens são como as pedras que, caídas em determinado lugar que lhes pertence, quando estão bem colocadas, nunca mais se movem (ibidem, p.659). Desse modo, cada homem tem "deseio de conseruar sua uida", porém, para essa conservação, os homens necessitam de várias coisas que nem sempre possuem. Daí o papel dos benefícios, já que "[...] ha mester que as peça per seu mouymento, a quem entender que as pode outorgar [...]". Mas, "[...] a virtuosa benffeytorya nom conuem aos homeẽs, se nom per aazo do mouymento do senhor deos [...]", da qual "ella prinçipalmente procede e, por ser Deus grande e infyndamente [...] liberal, a elle conuem que peçamos" (ibidem). Desse modo, D. Pedro afirma a sapiência de Deus em ordenar as coisas e conduzi-las para o fim a que foram destinadas.

Em outro momento do seu *Livro da virtuosa bemfeitoria*, D. Pedro reflete com mais detalhes sobre o ordenamento do mundo e a providência divina, colocando o homem como ser intermediário entre as criaturas espirituais e corporais. Recorrendo a uma perspectiva cosmológica, ele define com maiores contornos a sua ideia de hierarquia dos seres e sua compreensão sobre o homem microcosmo.[11] Num primeiro momento, define o que chama de um mundo maior, que compreende os céus e a terra:

> E primeyramente aprendamos, que o nosso senhor deos criou dous mundos, dos quaaes o mayor he iuntamento de todollos corpos [...] E aqueste modo he tam geeral que a todollos corpos do mundo conuem, porque todos som contheudos huũs dos outros. [...] E assy os çeeos rreçebem os ellementos e as cousas que naçem em elle, causando propriedades desuayradas em cada hũa, segundo as Influencias dos seus mouymentos.

---

11 Para informações mais gerais sobre a relação do corpo humano com o cosmos, ver: Le Goff; Truong, 2006, principalmente o capítulo quatro: "O corpo como metáfora", p.153-7. No entanto, especificamente sobre o problema na obra de D. Pedro, respaldo-me em: Calafate, 1999, p.421-2.

> E a terra rreçebe as plantas, dandolhe uerdura e creçimento e uida, em quanto em ella som reygadas, tomando humor, perque sse gouernam. (ibidem, p.681)

Continuando a analisar esse mundo maior, o autor reflete sobre a distribuição dos benefícios, que segue a ordem hierárquica dos seres, começando do mais alto até o mais baixo. E justamente por serem assim os benefícios distribuídos, as criaturas desejam as virtudes dos que estão acima deles:

> E porquanto os corpos que som em os lugares mais baixos, teem natural deseio de rreçeber uertude dos que sobre elles stam situados, he cousa neçessarya de sempre deseiarem tal rreçebimento [...] Desto se pode concludir, que segundo huũ corpo naturalmente he sobre outro quanto ao logar. Assy o mais alto tem rreçebimento autiuo sobre aquelle que sta em baixeza, auendosse o meor per modo passyuo em comparaçom do primeyro. (ibidem)

Continuando essa perspectiva da criação e da distribuição dos benefícios, D. Pedro discorre sobre o segundo mundo da criação: "Outro mundo criado per deos he chamado meor, per o qual se entende cada huũ homem, que per entender conuem com os angeos, e per sentir com as anymalyas" (ibidem, p.682). Entretanto, ao descrever esse segundo mundo, o autor estabelece a relação do todo com a parte, propondo que o homem, microcosmos, é uma espécie de réplica do macrocosmos, ou seja, para D. Pedro e seus contemporâneos, a ideia de criação é, na verdade, uma ideia de integralidade e unidade (Gurevitch, 1990, p.24), compartilhando as criaturas semelhanças entre si e só podendo ser compreendidas por meio de analogias entre o todo e a parte. Assim, D. Pedro descreve o corpo humano:

> E segundo ensina o douctor lincolinense, em huũ trautactado que desto fez, a carne e as stremidades que som fryas e secas, teem semelhança com a terra; o sangue e o uentre som comparados com a auga: o spiritu corporal e os peytos teem natureza do aaer. E a quentura da uida e a cabeça tomarom mais a propriedade do fogo. (D. Pedro, 1981, p.682)

Retomando a ideia de hierarquia dos seres exposta por D. Pedro, podemos então observar que o homem, entre as criaturas, é o mais achegado a Deus, pois foi criado à sua semelhança, e também é capaz de compreender as leis naturais impostas por esse criador. Como já anunciado, essa ideia de hierarquia dos seres também serviu como base para esses homens se entenderem em relação à sua comunidade. Razão pela qual, na teoria hierárquica de D. Pedro, não somente os homens são ordenados perante as criaturas, mas também são ordenados entre si. Esse ordenamento tem como objetivo a concórdia entre os seres, pois estabelece o bom funcionamento da comunidade. Para eles, essa concórdia é fruto principalmente da aceitação do seu estado ou ofício, pois "[...] toda razoauel criatura deue sqyuar o mal contraryo a seu stado e a seu offiço e he obrigada de seguir o bem que lhe he compridoyro [...]" (ibidem, p.578). Essa hierarquia, dada pela hereditariedade ou pela função administrativa ocupada no reino, é a fórmula pela qual esses homens administravam a multiplicidade de gentes que viviam em um mesmo espaço social. Por essa necessidade da ordem e pelo compromisso de obedecê-la, a hierarquia aparece como parte dos desígnios divinos e, por isso, os autores aqui analisados não se furtaram em analisá-la. D. Duarte, por exemplo, teoriza a divisão da sociedade medieval recorrendo à divisão tripartida, e acrescentando uma subdivisão; assim, para ele, a sociedade é divida em cinco estados (Mongelli, 2001, p.265):

> Os estados geeralmente som cinquo. Primeiro, dos oradores, em que se entendem cleligos, frades de todas ordeens e os ermitãaes [...] Segundo, dos defenssores, os quaaes sempre devem seer prestes pera defender a terra de todos contrairos [...] Terceiro, dos lavradores e pescadores [...] Quarto, dos oficiaaes, em que se entendem os mais principaaes consselheiros, juizes, regedores, veedores, scrivãaes e semelhantes, os quaaes boos, leaaes, entendidos, sollicitos, tementes a deos devem seer scolhidos. Quinto, dos que husam dalgũas artes aprovadas e mesteres, como físicos, cellorgiãaes, mareantes, tangedores, armeiros, ourívezes, e assy dos outros que som per tantas maneiras que nom se poderiam brevemente recontar, aos quaaes convem bem e lealmente e com devida deligencia husar de sua boa maneira de viver. (D. Duarte, 1942, p.18-20)

D. Pedro faz referência aos *stados* e ofícios de maneira um pouco mais geral do que a divisão tripartida, que teve forte presença na Idade Média (Duby, 1994). Para ele, tais classificações são colocadas no que diz respeito aos benefícios – por exemplo, o filho que dá os benefícios ao pai, o pai ao filho, o senhor ao servo, entre outros – e cada um deve respeitar as regras dos benefícios correspondentes ao lugar que ocupa nessas relações. No entanto, a nobreza se destaca nessa construção moral, tanto por serem os seus membros os destinatários privilegiados dos tratados doutrinários, quanto pela sua fixidez,[12] dada pela hereditariedade, o que permite vasculhar suas práticas e condutas. A nobreza de corte diferencia-se pelo uso dos seus poderes senhoriais, pelo poder econômico, por suas funções na defesa do Estado e, sobretudo, pela proximidade com o rei, o que lhes possibilita o recebimento dos benefícios (Mattoso, 1987a, p.21-2). E, ainda, como acrescenta D. Duarte, cabe aos nobres estudar, praticar e ensinar pelo exemplo as morais "ensinanças":

> E tal trautado me parece que principalmente deve perteecer pera homees da corte que algũ'a cousa saibham de semelhante sciencia.
> E diz nosso senhor daquel que guardar seus mandamentos e os enssinar, que sera chamado grande no seu Reyno. (D. Duarte, 1942, p.2-3)

Além dessa função ligada ao conhecimento e ao ensinamento por meio do exemplo, os nobres tinham por obrigação a defesa do reino e da terra, "[...] tam necessário pera o bem publico, contra todos contrairos e os maleciosos que moram em ella" (ibidem, p.18). E, em tempos de paz, esses nobres devem se ocupar do preparo do corpo e das armas para o caso de serem solicitados. Nesse sentido, D. João I aconselha a prática de andar ao monte, por ser um desporto completo,

---

12 Rita Costa Gomes (1995, p.64 e 65) aponta que "cerca de uma trintena de famílias [que] se encontram presentes, de modo praticamente ininterrupto, na corte dos reis portugueses durante o período que decorre entre o início do reinado de D. Afonso IV e o governo pessoal de D. Afonso V". Ver também as páginas 62 e 63, nas quais a autora define a nobreza como uma "estratificação sociojurídica da sociedade da época".

pois "[...] comprehende e repaira todallas cousas [...]": cumpre a função de "recrear o entender", e ainda, "[...] guarda que nom percam o uso das armas [...]" (D. João I, 1981, p.15). Como também acrescenta D. Duarte, os cavaleiros e escudeiros devem ser bons "cavalgadores", pois os que entendem dessa manha guardam grande vantagem nos feitos de guerra (D. Duarte, 1981, p.449) – assuntos que serão retomados adiante para tratarmos dos cuidados com o corpo.

A nobreza de corte também é o estrato social mais achegado ao rei e a Deus, e por ser mais chegada à fonte de que procede "[...] algũa uirtude geeral, tanto ella deue auer mayor partiçipaçom das suas uirtuosas condiçoões" (D. Pedro, 1981, p.578). Isso lhes confere maior destaque no regime de retribuição das cortes, constituído, nesse período em Portugal, pela Moradia. Esta era uma espécie de retribuição feita em espécie aos homens da corte, um tipo de retribuição que foi paulatinamente substituindo a "prebenda" e o "benefício", "a primeira ligada ao sustento do cortesão, a segunda à detenção de certos ofícios palatinos", tendo em vista que, já no século XIV, a moeda ganha destaque na sociedade medieval (Gomes, 1995, p.186-8). A Moradia, portanto, estava ligada ao mesmo tempo ao sustento e à repartição das funções administrativas do reino. Numa relação circular de obrigações mútuas, os senhores recebem uma série de benefícios como, por exemplo, o casamento arranjado — o qual era de suma importância para a comunidade, pela manutenção da ordem hereditária (ibidem, p.186-9).[13]

Aos nobres também era conferida a tarefa de aprender e ensinar as "morais ensinanças", como vimos referir D. Duarte. Isso significa que cabia a esses homens o estudo e a leitura de determinadas obras que os ajudassem na prática do bem moral, que compreendia uma multiplicidade de regras para os mais diversos setores da trajetória terrena da alma cristã – temática a ser abordada no terceiro capítulo. O doutrinamento compreendia as "ensinanças" de práticas para os cuidados consigo e com os outros, demandando o estabelecimento de regras para as práticas do corpo e do espírito. Num jogo de aceitação e rejeição de condutas, esses homens esquartejaram o cotidiano e

---

13 Ver também: Rosa, 1995.

adentraram nos mais diversos âmbitos das relações humanas e das relações com Deus: a fé, a casa, a família, os cuidados com o corpo, os sentimentos etc.

O regimento de si

Como já anunciado, uma das preocupações dos nobres de Avis foi aconselhar, ou regulamentar uma série de práticas cotidianas que teriam como objetivo conduzir os seus leitores a partilharem de condutas mais aceitáveis, dessa forma, esses homens contribuiriam para regulamentar os modos pelos quais os seus semelhantes deveriam conduzir a si mesmos para o destino salvacionista – partilhado pelos cristãos. Como vimos, conduzir a si mesmos demandava que se conhecessem e conhecessem seu lugar na hierarquia dos seres e na hierarquia social: primeiro passo para o regramento da vida cristã. Passo importante, mas que deveria ser completado com uma série de atitudes para o governo de si. Assim, a partir daqui, tentarei mapear as condutas valorizadas por esses homens para o regimento de si.

Como já mencionado, a moral cristã tem como um de seus princípios a ideia do amor partilhado entre Deus e suas criaturas, amor esse que deveria, também, fundamentar a relação entre os homens. Assim, se no início deste capítulo, apontei como determinante do conceito do pecado a intenção dos atos cometidos – uma espécie de julgamento consciente e *a priori* das atitudes de um bom cristão –, essa consciência é despertada pela memória dos exemplos virtuosos de outros homens e pelo saber adquirido com o estudo das práticas virtuosas, remetendo-se sempre aos modelos bíblicos e ao exemplo maior de Jesus Cristo. E o principal eixo dessa vivência está justamente ligado ao amor, pois a narrativa da vida de Jesus tem como eixo a prova do amor divino por suas criaturas e, ao mesmo tempo, essa história também é uma espécie de chamado de amor para os filhos de Deus (Leclercq, 1967, p.177-80). Desse modo, as regras que determinam as atitudes e as intenções veladas se conduzem por um jogo no qual o amor deveria assumir o primeiro plano das relações.

Se, portanto, para os antigos, a regra moral é um chamado para ocupar-se especialmente de si, para os cristãos, devedores dessa filosofia, à regra geral é acrescentada a ideia de um transcendental que se revela pelo amor, e ainda a ideia de um amor ao próximo em igual intensidade que aquele a si próprio. Assim, de todas as "ensinanças" e regras "nace desejo de fazer todo bem que poder a quem assy ama, quer amar e obrar afeiçom com tal pessoa mayor e melhor que se pode aver" (D. Duarte, 1942, p.175). Sendo um sentimento de *bem fazer*, o amor devia, antes de ser descrito, ser vivido, pois era fundamental dar testemunho da vivência desse sentimento. Por isso, D. Duarte declara, na sua teoria sobre o amor,[14] que sua dissertação parte das experiências e ensinamentos que adquiriu na vivência com seus pais e irmãos, e pelo reto exemplo dessa experiência deveriam se guiar os seus leitores.

No tratado duartino, as relações familiares são descritas por meio da experiência particular do nobre, portanto, é um retrato pessoal das lembranças que ele guardou da sua vivência familiar. Os fundamentos da sua descrição são o respeito, a concórdia e o amor, partilhado entre os membros de sua família. O relato de D. Duarte, contudo, não pode ser tomado como a regra geral da descrição da família medieval, pois esta, pelo que indicam as fontes, era despida desse sentimento. Suas marcas mais evidentes eram: a conservação dos bens, a transmissão dos ofícios e, também, a solidariedade em momentos de crise para a proteção da honra e da vida (Ariès, 1986, p.10). Porém, o relato de D. Duarte, mesmo envolto numa neblina de lembranças, ou melhor, construído sobre as bases de uma nostalgia engrandecedora, é digno de nota, pois faz parte da sua tarefa de contribuir com a empreitada conjunta de reformulação das atitudes cotidianas do seu povo.[15]

Além disso, as descrições desses autores remetem a normas tidas, na época, como perfeitas do ponto de vista moral, pois, numa sociedade essencialmente patriarcal, os laços marcavam-se pelo respeito, obediência e veneração (Marques, 1987b, p.484-5) dos filhos para com os pais, sustendo-se sobre a noção de que se as "[...] substancias dos

---

14 Cf. Gama, 1995; Calafate, 1999.
15 Cf. Ricoeur, 2007, p.100.

filhos som dos geeradores", resultava "que os filhos e todallas cousas que a elles perteençem som benffeyturias dos padres" (D. Pedro, 1981, p.580). Tendo em vista essas questões, ainda vale notar que o relato do nobre D. Duarte é um importante exemplo de que as relações familiares foram paulatinamente ornadas pela ideia de sentimento familiar, melhor dizendo, já nos séculos XV e XVI, pode ser observada a construção de um sentimento de família, no entanto, essa construção só em meados do século XVII encontra um vigor definitivo.[16]

No início desse relato de como fora criado e de como aprendera a respeitar o seu pai e irmãos, D. Duarte reafirma a importância da prática na construção da veracidade dos ensinamentos. Declara que seu testemunho era verdadeiro e que escrevia o que regularmente praticavam e o que aprenderam não "per enssynos" de livros, ou "dictos de ssabedores", mas o que o pai ensinava, e os ditos ensinamentos logo colocavam em prática por bem, mesmo que no começo o entendimento fosse pouco. Assim, D. João I, seu pai, mostrava a eles a forma pela qual deveriam levar uma vida correta e, como bons filhos, respeitavam seus ensinamentos com "amor e temor", pois eram proibidos de fazer "[...] cousa errada ou desonesta, digna de rreprehenssom ou de vergonça". Os infantes, pois, eram aconselhados a sempre refrear a "ssanha e desejo", servindo o pai com "boo prazer". E D. Duarte, embebido por suas idealizadas recordações, ressalta que seu pai tinha por hábito declarar o amor que tinha pelos filhos, e desse amor nunca se esqueceram. Além disso, lembravam sempre de suas "grandes bondades e virtudes", de forma que, mesmo contrariados, ele e seus irmãos "[...] logo que el [D. João I] queria, faziam, sabendo que melhor era a obediência [...]", pois tanto eram eles "parelhados" do pai que sempre o seguiam e, mesmo com sofrimento, cumpriam a sua "voontade". Faziam-no, pois, por temor, obediência e veneração, conscientes de que, da "[...] pratica vista e sentida [...]," podiam guardar com confiança, porque era feita

---

16 Cf. Ariès, 1986, p.143. Philippe Ariès alerta que tal sentimento de família só pode ser entendido se observado juntamente com a construção da ideia de infância, pois, a partir dessa ideia, pode-se traçar a genealogia da família moderna e os lugares sociais dos membros dessa família.

com "boa voontade". À semelhança dessa relação com o pai se estruturava o relacionamento com seus irmãos. Expõe D. Duarte que, por guardarem todas estas práticas "suso scriptas", nunca sentiram entre eles "[...] enveja desordenada, cobiiça, avareza, desejo ou mostrança de sobrançaria". Por isso, define as relações entre eles como uma "amizade perfeita", que só poderia ser vivida "[...] antre perssoas virtuosas, que ajam entendimentos humyldosos e voontades concordavees, fundadas em muyta lealdade de grandes, largos e boos corações".[17]

As descrições feitas por D. Duarte sobre a sua vivência familiar e a relação dela com a sua teoria do amor vai além. O nobre relata, também, que durante alguns anos de sua vida sofreu do mal do "humor manencorico" – relato ao qual retornarei mais adiante –, doença que muito o incomodou e que não parecia ter cura, mas quando sua mãe também ficou doente e necessitava de seus cuidados, o seu próprio mal o abandonou, tendo em vista que a ocupação com sua mãe era mais urgente do que os devaneios e apego consigo próprio:

> E estando em tal estado, a muy virtuosa Raynha, mynha senhora e madre, que deos aja, de pestellenia se finou, do que eu filhey assy grande sentimento que perdi todo receo, a ella em as infirmydade sempre me cheguey e a sservy sem alguu empacho, como se tal door nom sentisse. E aquesto foy começo de minha cura, por que sentindo ella, leixei de ssentir a mym. E veer que alguu spaço fora leixado do dicto cuidado, e recreceome por algua sperança que vuria e perfeito curamento. (D. Duarte, 1942, p.67-71)

A partir dessa reflexão, D. Duarte defende que o amor a outra pessoa tem de ser maior ou igual àquele a si mesmo, formulação essa que, como já comentamos, provém da ideia cristã de que o próximo também é objeto de amor. Essa é uma importante formulação do cristianismo,

---

17 Cf. D. Duarte, p.357-72. Segundo Joseph M. Piel, esse quadro familiar descrito por D. Duarte é um dos mais belos capítulos do *Leal conselheiro*, e também importante para entender a personalidade do seu autor. Trata-se do "Capitullo LRVIII – Da pratyca que tiinhamos com El Rey, meu Senhor e Padre, cuja alma deos aja", que foi transcrito de uma carta que D. Duarte escreveu em Évora no dia 25 de janeiro de 1435, destinada a seus cunhados Henrique e João de Aragão.

em que a prática de bem cuidar de si mesmo – lembrando que o objetivo era a salvação –, também é voltada para o outro e, portanto, desdobra-se no importante imperativo da renúncia de si na moral cristã. O ponto mais importante da reformulação do cuidado de si, do pensamento antigo, feito pelo pensamento cristão é o reconhecimento de que o outro deve ser objeto do cuidado, assim, as prescrições morais e as técnicas do cuidado de si na Idade Média se deslocam para o outro.[18]

D. Duarte, além de relatar sua própria experiência familiar, também, como já referido acima, especula sobre o amor e suas diferentes manifestações, nomeadamente quatro formas básicas: "benquerença, desejo de bem fazer, amores e amyzade"; formas que deveriam ser vividas com sobriedade e regidas pelo "entender" (D. Duarte, 1942, p.176 e 177). Vale aqui lembrar, pela temática de que nos ocupados, que, para esse autor, os bem casados deveriam sentir um pelo outro as quatro manifestações do amor e, se assim não fosse, não chegariam "a sseu perfeito stado", no qual um com o outro jamais se enfadariam (ibidem, p.178). A ideia de bem casados aqui aparece de forma muito semelhante à noção de sentimento familiar tratado acima. E não poderia ser diferente, tendo em vista que tal noção se dá à luz do problema da família.

A ideia do casamento aliado ao amor ou aos amores parece surgir em sua plenitude somente no século XVI. A esse respeito, Jean-Louis Flandrin apresenta no seu livro *O sexo e o Ocidente* um levantamento sobre os enunciados acerca do casamento e conclui que já no início da modernidade a temática do casamento e dos prazeres tomam espaço em diferentes literaturas: na literatura jurídica; em uma literatura polêmica de desvalorização do casamento; nos romances de cavalaria; entre outros. Dessa forma, esses temas parecem ter sido significativos na construção da civilidade moderna (Flandrin, 1988, p.21-40). Igualmente preocupado com a genealogia do conceito de civilização, Norbert Elias aponta que, dadas as suas particularidades, a Idade Média em grande medida tem muito a falar sobre os "comportamentos socialmente aceitáveis", pois a época medieval se configura como um

---

18 Cf. Foucault, 2006.

ponto de partida aceitável, para se entender o que se configurou como civilizado na sociedade ocidental (Elias, 1994, p.74).

Dadas essas considerações acerca do amor e do relacionamento familiar, ainda se faz necessário atentar para um último aspecto importante. No plano das normas sagradas e socialmente aceitas, a família e o casamento constituíram-se também como mecanismos de preservação contra os desregramentos da carne, temidos por colocarem em risco o patrimônio, por afetarem a estabilidade social (Duby, 1989, p.15), e, mais importante, por serem os prazeres da carne um dos maiores riscos para a falta moral, pois os "prazeres sexuais" eram tidos como " [...] os que mais dissolvem a alma do homem [...]" (Aquino, 2004, p.106). Nesse sentido, os impulsos do corpo são regulamentados dentro de uma ordem estabelecida em nome da comunidade; uma ordem motivada pela busca da salvação, num plano que conjuga os sentidos, os prazeres e o espírito. Nessa construção moral, o corpo e a alma são definidos como objetos privilegiados, dado que é estabelecida uma relação entre eles com o intuito de categorizar e regulamentar os impulsos do corpo que denigrem a alma. Assim, o esforço didático na Idade Média se dá no sentido de controlar, refrear e condenar o corpo como a morada dos vícios, mas também no sentido de tocar a consciência, condenando os pensamentos impuros e a falta de racionalidade nas escolhas e atitudes (Chenu, 2006). Dessa forma, os autores tendem a construir suas ensinanças a partir do paralelismo entre o corpo e a alma que, ordenados pela racionalidade, são capazes de refrear as vontades carnais e espirituais, e também as vontades que surgem dos prazeres, intermediários esses entre o corpo e o espírito.[19]

Essa ideia norteadora das concepções construídas nesses tratados – o paralelismo entre o corpo e alma – encontra-se, em certa medida, fundamentada no pensamento de Tomás de Aquino e na sua concepção sobre o homem, marcada pela confluência de três pontos fundamentais: "a concepção clássica do homem como animal *rationale*; a concepção neoplatônica do homem na hierarquia dos seres, como ser fronteiriço entre o espiritual e o corporal; e a concepção bíblica do

---

19 Cf. D. Duarte, 1942, p.14-8.

homem como criatura, imagem e semelhança de Deus" (Vaz, 1991, p.68 e 69). Tomás de Aquino legou, ainda, para esses homens, como também para as teorias cristãs, uma doutrina sobre os pecados, fruto do seu empenho em analisar e estudar o homem e, portanto, fruto da sua concepção antropológica (Aquino, 2004, p.65).[20] A doutrina dos pecados de Tomás de Aquino tem como base a classificação em ordem hierárquica dos principais vícios, de maneira que o pensador nomeou como os sete vícios capitais: a soberba, a rainha dos outros pecados; a vaidade; a inveja; a acídia;[21] a ira; a avareza; a gula; e a luxúria.[22] Constrói, assim, uma analogia entre os vícios capitais e os suprassentidos atribuídos à cabeça,[23] pois, como lembra o autor, "capital" deriva de "cabeça", e para ele tal construção alegórica é pertinente, pois a cabeça é "[...] uma parte do corpo dos animais [...]" que remete à "cabeceira", e ainda, a cabeça "[...] significa chefe ou governante do povo, pois os outros membros do corpo são, de certo modo, governados pela cabeça" (Aquino, 2004, p.75).

No *Leal conselheiro*, podemos perceber uma certa familiaridade com a doutrina dos pecados proposta por Tomás de Aquino, mais do que nos outros tratados aqui em questão, pois, embora neles seja recorrente o uso dessa classificação, nessa obra de D. Duarte, atento a seu método, classifica e descreve os pecados um a um. Nos capítulos[24] em que o rei se ocupa em descrever os vícios, há uma concordância tanto com a terminologia utilizada pelo Santo, quanto com a hierarquia atribuída

---

20 O texto os "Sete pecados capitais" foi retirado do *Tratado dos vícios e dos pecados*, que está integralmente na *Suma teológica* do mesmo autor. Tratado esse que é baseado no setenário, ou sistema dos sete pecados capitais, sugerido por Gregório Magno.
21 Desses pecados, a acídia foi o único introduzido em substituição à preguiça, mas seu significado contempla, além da preguiça, uma melancolia profunda, que origina o descuido consigo e com suas obras a fazer. Cf. Aquino, 2004, p.68-70.
22 Cada pecado capital carrega consigo uma série de outros pecados tidos como *filhos* dos vícios principais, assim, nessa doutrina sobre os pecados, Tomás de Aquino descreveu cerca de cinquenta vícios além dos capitais. Cf. Aquino, 2004, p.66.
23 Sobre a alegoria em Tomás de Aquino, ver: Hansen, 2006, p.118-24.
24 A descrição dos pecados toma 23 capítulos da obra, do capítulo 10 até o 33, seguidos dos capítulos correspondentes às virtudes.

aos vícios. Porém, D. Duarte faz alguns acréscimos, como o do pecado da tristeza, tido por ele como um "pecado principal".

No que diz respeito ao pecado da tristeza, da mesma maneira, e com os mesmos propósitos declarados no relato sobre a vivência familiar, o rei D. Duarte também narra como padeceu da doença do "humor manencorico": "[...] aturei com a dicta doença acerca de tres anos, nom tam aficado, mas cadavez melhorando, nunca porem sentindo hũu sso plazer chegar ao coraçom livremente como ante fazia" (D. Duarte, 1942, p.72). Nessa narrativa, observamos a reflexão do rei sobre o infortúnio e sobre a brevidade da vida: "[...] filhei hũu tam rryjo penssamento com receo da morte, que nom ssomente temy aquella, mês a que todos scusar nom podemos, penssando na breveza da vida presente[...]" (ibidem, p.70); e como se fosse envolto de pressentimentos que anunciavam a sua morte,[25] seu corpo também padecia:

> Este me trazia tantas novas penas que seria largo descrever, e comparar nom as poderia, por que todallas doores pera esta me pareceria saude, da qual nom avya sperança de guarecer. Esse com ffe e conciencia me queria confortar, per o demudamento da tristeza muyto era torvado, assy que a todo mal da alma e do corpo me derribava. (ibidem, p.70)

Tanto a alma quanto o corpo do nobre padeciam, pois, como declara, estava tocado pela "tentaçom do inimiigo" e descuidou de si, do seu corpo e de sua alma. Assim, D. Duarte revela que, para o bom funcionamento do corpo, a necessidade primeira era buscar o equilíbrio, dado que, tocado pela tristeza da alma, a carne sofria o desequilíbrio do espírito e também padecia. Considera também que a doença não seria derivada nem do seu corpo e nem da alma, pois por serem criados por Deus eles eram perfeitos e, em equilíbrio, funcionariam bem, por isso o nobre atribui a sua doença a um fator externo: o demônio (Mattoso, 1987b, p.236-9).

---

25 Sobre os presságios da morte, comuns na Idade Média, ver: Ariès, 1989, p.7-10. Sobre o pessimismo, ver: Huizinga, s/d, p.31-57.

Uma outra das preocupações de D. Duarte relativas ao equilíbrio está ligada ao entendimento. Como já observamos, o entender e o entendimento são importantes nessa construção moral, pois a partir dessas faculdades os cristãos podem se guiar para escolher entre o bem e o mal; ou seja, por meio dessas faculdades os homens podem se desviar das tentações do inimigo. Portanto, o entender e o entendimento são peças chaves para o reto equilíbrio entre o corpo e a alma e, assim, as prescrições propostas por esses autores incidem também no cuidado com essas faculdades, mais especificamente no cuidado para descansar o entender, pois, como o entendimento vem da substância do corpo, que carrega as paixões que lhe foram dadas pela pena do pecado – fome, sede e cansaço –, o corpo pode também cansar o entendimento.[26] Para D. João I, como no dia a dia acumulamos afazeres, o entendimento sempre se sente "[...] preso estando em as grandes cousas, e nunca folga [...]" (D. João I, 1981, p.11). Assim sendo, ele aconselha que a melhor forma de descansar o entender é passar algum tempo com prazer. No entanto, mesmo nos momentos de folga, como acrescenta D. Duarte, há aquelas "[...] festas, jogos e folganças honestas [...]" (D. Duarte, 1942, p.364), mas outras nem tanto, de forma que, para esses homens, mesmo nas folgas, a escolha deveria ser por uma prática que acrescentasse algo virtuoso e que, também, descansasse o entender. D. João sugere a montaria, e D. Duarte, por sua vez, sugere a "manha de cavalgar" para dar "folgança" ao entendimento, e ainda, acrescenta que andar em boas e "ledas bestas" traz alegria para o coração:

> Folgança da razom muyta devem daver os que nesta manha forem avantejados, por que veemos que todollos que fazem melhoria em algũas de pouco proveito, assy como lançar barra, e saltar a pees juntos, e outras semelhantes, folgam de os louvarem que sobre outros som avantejados. [...] E ainda geeralmente he em conhecymento que as boas e ledas bestas alegram muyto os coraçoões dos que andam em ellas, se as sabem razoadamente cavalgar. (ibidem, p.451)

---

26 Como diz D. João I no *Livro da montaria*. Cf. João I, 1981, p.10-1.

Além de descansar o entender, essas práticas desportivas eram recomendáveis entre as práticas de si, pois também eram aconselhadas para "civilizar o corpo" (Le Goff; Truong, 2006, p.149), para treinar os sentidos e fazer o corpo forte e ágil; virtudes que, em tempos de guerra, eram cobradas dos cavaleiros.

A caça e a "manha de cavalgar" eram práticas desportivas pertencentes a um grupo de distrações – entre o qual estavam incluídos os torneios e saraus – que, na Idade Média, eram reservados à nobreza (Marques, 1987b, p.479). Em geral, as distrações faziam parte do ritual das grandes festas que reuniam o rei e seus convidados mais próximos e, seguindo o protocolo dessas ocasiões, as festas começam sempre pelos ritos do comer e beber, nos quais, em nome da proteção do rei, seguia-se uma série de obrigações para os oficiais da Aula e da Câmara,[27] obrigações como: separar a comida do rei, experimentar a comida antes dos convidados, enfim, uma sucessão de ritos para honrar, servir e proteger o monarca (Gomes, 1995, p.307). A presença do Rei nas festas, além de pressupor um ritual que o protegia e o distinguia dos demais convidados, também, por vezes, poderia suscitar uma dieta diferente. Na baixa Idade Média, os cardápios não eram muito variados, mas, mesmo assim, havia uma distinção entre as receitas da nobreza e do povo; entre os nobres, por exemplo, era comum o uso de ervas finas e especiarias, ingredientes que não constavam na mesa daqueles menos afortunados (Flandrin; Montanari, 1998, p.467). Além disso, nas festas, era de suma importância a escolha dos alimentos, sendo a preocupação geral não só com os ingredientes e os pratos, mas com a quantidade, pois, uma festa devia ser farta na medida certa: pouco alimento traria descrédito a quem oferecia a festa, mas se o alimento fosse em demasia podia demonstrar uma ostentação excessiva de riqueza (ibidem, p.468).

---

27 Segundo Rita Costa Gomes (1995, p.306), o funcionamento da corte régia portuguesa do século XV pode ser resumido a partir da análise da estrutura dos ofícios. Nas cortes peninsulares, apropriando o modelo carolíngio, sobre os ofícios, verifica-se uma separação tripartida entre a Aula, a Câmara e a Capela: na primeira, os ofícios "pertencem aos rituais de comensalidade"; na segunda, "estão em relação com o corpo do rei"; e na terceira, "estão ligadas aos ritos do culto cristão".

Nos rituais de alimentação estavam pressupostas duas dimensões da relação do indivíduo com a sociedade: a ética e a etiqueta. Uma pressuponha o valor moral das atitudes à mesa, e a outra um valor formal, ligado aos gestos e aos rituais. Estar à mesa e partilhar os alimentos com os seus semelhantes era, pois, naquela época, um cerimonial de regramento do corpo – controle dos gestos – e do espírito – regrar moralmente as escolhas (ibidem, p.496-7). Por essas duas dimensões, alimentar-se era, também, uma das práticas de si propostas pelos autores avisinos. O cardápio, em geral, era composto de três refeições diárias, que variavam entre a sopa, os cereais e as carnes, originárias, sobretudo, da caça e da pesca – muito rotineira, pois o peixe era um dos produtos mais consumidos –, e a sede era saciada pelo vinho e a água (Bühler, 1996, p.256-9).

Comia-se muito, tanto que D. Duarte preocupou-se em aconselhar que, no "grande comer", ou seja, quando fosse em eventos especiais, em que a comilança era um pouco inevitável, que se estivesse muito quente, devia-se "[...] seer muito guardado do vento e do aar", e que não se deveria "desabotoar em casa muyto fria [...]" (D. Duarte, 1942, p.382). Além disso, acrescenta o nobre uma série de regras acerca dos modos de comer para não prejudicar a digestão, por exemplo: "[...] quando jantar, comer bem mastigado, e nom bever mais de duas vezes ou tres, ao mais largo [...]"; se for escolher um vinho, escolha um razoavelmente "[...] auguado, por que, se he forte, dá mayor trabalho ao estamago em no cozer e degerir [...]"; os derivados de leite devem ser evitados com rigor: "[...] de nata e de toda vyanda de leite, comer pouco ou nada; e se a comer, seja sobre toda outra vyanda [...]" (ibidem); igual cuidado mereciam os alimentos úmidos, como as cerejas, pêssegos e ostras, e os de "grossura", como carnes e pescado, que, se fossem comidos, deviam sê-lo acompanhados de pão. Para bem cuidar do estômago, vale ainda esperar pelo menos uma hora antes de se deitar e nunca dormir de dia, como também se, por ocasião especial as horas das refeições forem atrasadas, é bom que se lembre de comer pouco e temperadamente (ibidem, p.379-82). D. Duarte, ainda, aconselha que "[...] pera taaes estamagos provocarem cada hũu anno vomyto duas vezes, hũa despois de páscoa, por a contynuaçom passada do pescado, a outra no setembro, por a fruyta do verãao, se a continua muyto de comer" (ibidem, p.382).

Esses aconselhamentos feitos por D. Duarte para o bom regimento do estômago, como podemos observar, não estavam relacionados com as condições sanitárias, mas sim eram motivados pela preocupação com o conforto do corpo e, também, com o regramento moral (Mattoso, 1987b, p.237). Nesse sentido, o autor revela sua preocupação com o equilíbrio da pessoa humana, pois a comida e a bebida são associadas aos prazeres do corpo, que conduzem o homem ao pecado da gula. A gula, o nobre entende que quatro são as suas formas básicas:

> Primeira, que ora razoada, convenyente ou ordenada pera comer ou bever nom quer aguardar. Segunda, que o ventre de comer ou bever deseja sobejamente dencher. Terceira, que vyandas e beveres estremados cobiiça sempre dhusar. Quarta, que sobejamente com grande folgança e gloria faz comer e bever pera ello perceber e aparelhar. (D. Duarte, 1942, p.125-6)

Como se desse mal surgisse todo o desequilíbrio possível, ele argumenta que, desses deslizes, o primeiro é cometido pelo desobediente às regras de bom convívio, pois para comer e beber a pessoa deixa de conversar e conviver com os demais; além disso, nessa primeira forma de gula, caem aqueles que deixam de guardar os dias de jejum, que, para além de resguardar o corpo de algumas enfermidades, também é uma prática utilizada em dias especiais para a celebração do divino. Para aqueles adeptos da segunda maneira da gula, ele alerta que dela são provenientes os pecados da luxúria, que trazem ao espírito o destempero do entender e, para o corpo, diversas doenças. Acerca da terceira forma, D. Duarte adverte que aqueles que, somente com a satisfação e o benefício próprios se preocupam, pouco vivem e poucas obras virtuosas constroem. Quanto à quarta e última forma, dela praticam os que não guardam de forma correta o seu ventre, e não se contentam com os deleites de uma vida resguardada para Deus e, sim, procuram o contentamento em si mesmos. Com essas reflexões, o nobre revela que dos males do ventre surgem os pecados ligados à concupiscência, que tanto ligam os homens à materialidade e, desse modo, tanto os distanciam dos cuidados com o espírito quanto fazem deles luxuriosos, ou seja, desregrados nas suas condutas sexuais.[28]

Em suma, retomando o início do texto, observamos a ideia que D. Duarte construiu da Lealdade, que passa, então, a ser o fundamento do seu trabalho em descrever o entendimento das paixões e poderes humanos, as virtudes que devem ser realçadas e os pecados que devem ser corrigidos. Consultando o texto desse autor, podemos observar que esse conceito, para além de ser o fio condutor escolhido, é também a maneira pela qual ele entende as relações entre os homens, e deles com Deus. Nesse sentido, a Lealdade, para esse autor, abrange a obrigação que esses homens aceitaram de serem fiéis às regras morais estabelecidas no jogo das suas relações.

Nas linhas escritas pelos nobres de Avis, encontramos, a todo momento, a justificação divina para suas construções de modelos morais, regras ou, principalmente, práticas cotidianas pelas quais os cristãos deveriam reger-se. A própria escrita desses tratados encontra-se sustentada na obrigação de ensinar as regras que eles acreditavam serem ordenadas por Deus, regras que, no entanto, não deveriam ser somente ensinadas, mas praticadas e apresentadas como exemplo. Assim, tanto D. Duarte como D. Pedro e também D. João I escreviam em conformidade com essa crença, buscando exemplos bíblicos, dos santos e de outros homens que praticaram e ensinaram conforme as regras aceitas como verdadeiras.

Por essa postura assumida por esses autores, podemos concluir que essas práticas de si deveriam ser conhecidas, pois elas são expressões do que eles acreditavam como verdade e, também, são as vias condutoras para a felicidade em participar da vida com Deus. Para cumprirem então esse plano, os autores aqui analisados utilizaram a atitude metodológica de especularem sobre os seres humanos e suas relações, partindo das crenças construídas que determinavam e caracterizavam o humano em relação às outras criaturas e atentando para o plano espiritual. Nesse sentido, procuravam conhecer a si mesmos e as

---

28 Para entender os significados atribuídos ao ventre durante a Ideia Media, ver: Le Goff; Truong, 2006, p.160.

coisas, e, dessa forma, como alertou D. João I, poderiam utilizar a via do conhecimento para se achegarem a Deus. Logo depois, eles passavam, então, a discorrer sobre as condutas privilegiadas nas temáticas que escolheram abordar. Seguindo esse plano, os autores abordaram as práticas para as condutas do corpo e da alma, utilizando como norte as virtudes e os pecados que decorriam do homem.

Neste capítulo, a minha preocupação foi tentar mapear as principais práticas de si partilhadas por esses homens. A partir disso, o itinerário escolhido foi, em primeiro lugar, atentar para a regra moral do conhecer a si mesmo, com intuito de perceber como aqueles homens pensavam sobre si mesmos e sua relação com o sagrado; depois, tentei inventariar as principais práticas de si relacionadas com o corpo e o espírito. A partir de agora, pretendo continuar a descrição dessas regras, mas partindo para um plano mais específico, ou seja, retomarei, no capítulo seguinte, a noção de prática de si para mostrar o valor cada vez mais positivo que esses homens davam à leitura, tendo em vista que a leitura era uma prática de si talvez mais fundamental, por poder ser também meio de aprimoramento das demais práticas para o aprimoramento de si – objetivo final das propostas desses autores. Procurarei mapear os aconselhamentos para os bons modos de ler e igualmente os livros e autores que deveriam ser conhecidos. Isso porque, para esses homens do século XV, a leitura de boas obras, aquelas que falam a verdade, era essencial para a interiorização das regras morais em que eles acreditavam e, como acreditavam que essas regras não podiam ser conhecidas sem o exemplo, era necessário atentar para a memória de outros que sabiam mais e que, felizmente, tinham deixado registro.

3
A PRÁTICA DA LEITURA NO APRIMORAMENTO DE SI

Sêneca, em uma de suas famosas correspondências, relembra ao seu amigo Sereno as práticas que ele deveria ter para obter a tranquilidade da alma. A sua ênfase maior é acerca da moderação que deveria reger todos os aspectos da vida, fosse nas obrigações públicas, nos prazeres privados ou nos estudos. Assevera Sêneca que pouco valiam as estantes cheias de livros que nunca seriam lidos, bem como adverte que uma quantidade excessiva de leituras sem uma verdadeira dedicação a cada uma delas ou à reflexão de nada adiantaria: "Para que inumeráveis livros e livrarias cujo dono apenas leia, em toda a sua vida, os índices? Sua quantidade pesa ao que aprende, não o instrui; portanto, é mais seguro entregar-te a poucos autores do que errar por entre muitos" (Sêneca, 2007, p.291, tradução minha). Essa prescrição de Sêneca era, a propósito, bastante comum nos textos da Antiguidade, constituindo uma espécie de tópico da leitura filosófica antiga. A ideia principal era de que a leitura deveria ser um exercício diário, acompanhado da escrita tanto de notas quanto de resumos, ou mesmo de novos textos, de forma que o leitor tivesse a oportunidade de memorizar os princípios fundamentais e as ideias expostas. Enfim, a leitura era necessária, mas deveria ser acompanhada de um exercício de rememoração do que havia sido apreendido nela. Isso levava tempo e, mais do que tempo, eram necessárias dedicação regular à leitura e à escrita, como também à meditação, pois a finalidade da leitura filosófica era o conhecimento da obra de um autor ou mesmo o aprofundamento em uma ou outra doutrina, mas o objetivo fundamental era a meditação.[1]

Nesse período, séculos I e II, a leitura era acompanhada de outras práticas ligadas ao desenvolvimento do pensamento filosófico e, também, ligadas às práticas cotidianas da moral estoica, como, por exemplo, a correspondência – prática essa que servia tanto para o aperfeiçoamento de si quanto para o dos outros. No entanto, vale lembrar que a correspondência era feita de sujeito para sujeito e, por isso, implicava em uma atualização do pensamento, uma discussão das formulações e, nesse sentido, ela se apresentava com uma dupla face: era uma oportunidade de estabelecer uma ligação entre aquele que estava mais avançado na virtude com aquele que deveria se atualizar, mas também era um exercício que permitia aquele que aconselhava relembrar as verdades que oferecia ao outro (Foucault, 2006, p.433-4). Portanto, a leitura, a escrita e a meditação eram exercícios do homem para si, ou seja, complementavam a série de cuidados diários e de ações, ou simplesmente era uma atitude geral que cada um deveria ter consigo, enquadrando-se nas práticas de si formuladas naquele período. Em suma, essa primeira formulação da leitura como prática moral pressupunha um jogo complexo entre o homem e a verdade, uma verdade, no entanto, que não era transcendental, e sim reconhecível no bem moral.

Essas práticas de si estão aqui recordadas em razão do grande peso que tiveram na fundamentação da moral cristã medieval, em que, porém, reaparecem de maneira reformulada e num clima significativamente diferente (ibidem, p.17), pois o bem moral passa, então, a ser entendido como o caminho dos homens para a salvação, prometida por um Deus que os estoicos desconheciam. Nesse clima medieval, a prática da leitura é pensada como o caminho para a busca de uma vida virtuosa, porém, ancorada em preceitos totalmente outros, pois

---

1 A meditação aqui é entendida não no jogo do sujeito com os seus próprios pensamentos, mas no "jogo efetuado pelo pensamento sobre o próprio sujeito". Cf. Foucault, 2006, p.427-43.

deveriam mirar uma verdade Divina, de modo que as práticas da leitura levavam em consideração a procura pelo conhecimento apropriado que conduziria a essa verdade. Todo o conhecimento, produzido ou retomado na Idade Média, justificava-se pela busca do conhecimento de Deus – conhecendo as criaturas de Deus, conhecia-se a Deus –, e para completar essa busca, o cristão deveria seguir regras já determinadas na própria palavra de Deus – as Sagradas Escrituras.

Como destacam vários pensadores, a ideia do conhecimento na Idade Média era devedora do livro, especificamente da Bíblia, que continha todas as verdades que eram necessárias e que conduziriam o leitor a uma vida virtuosa. Assim, a leitura não era propriamente uma virtude. Na verdade, na leitura, os homens da Idade Média encontravam o conhecimento verdadeiro – aquele que provinha de Deus –, como alerta D. Duarte: a leitura compunha um quadro de práticas de si que conduziam os cristãos há uma vida virtuosa, práticas como os "[...] jejũus, vigillias, leer de boos livros, ouvyr sermõoes e boos fallamentos, e estas e outras taaes, nom som propryas virtudes, mês depoõe per ellas, e a tempos convem de sse fazerem e outros leixarem [...]" (D. Duarte, 1942, p.296). Desse modo, a leitura aparece não como uma virtude por si mesma, mas como um meio para a virtude, pois, por meio da leitura de bons livros, se aprendia as coisas virtuosas e o bom exemplo de homens de boa fé.

A ideia de D. Duarte de elencar algumas práticas cotidianas que conduziriam a uma vida virtuosa já foi, entretanto, trabalhada no segundo capítulo. Vale aqui, portanto, lançar uma breve discussão para entendermos onde a leitura se enquadra no conjunto dessas práticas. A proposta central deste capítulo é interrogar como a leitura em Portugal no tempo da dinastia de Avis tornou-se um dos elementos centrais das prescrições morais elaboradas por esses autores, num momento em que a prática da escrita e da leitura não estava restrita somente ao ambiente universitário e monástico, mas também ganhava gradativa importância no cotidiano cortesão. A bem da verdade, a produção de conhecimento no meio nobre em Portugal já era uma prática nos séculos antecedentes a essa produção de Avis (Marques, 1987a, p.180); no entanto, é com os príncipes de Avis que se nota uma preocupação sistemática em divulgar determinadas matérias de fundo pedagógico que eram muito bem quistas entre os portugueses.[2]

Em linhas gerais, essa proposta não pode ser trabalhada sem que se considerem dois conjuntos significativos de enunciados sobre os modos de ler nesse período: o primeiro conjunto é a leitura recomendável aos príncipes, aos autores – aqui, remeto à leitura fragmentária, que possivelmente era a forma escolhida pelos autores na realização de suas leituras; o segundo refere-se às indicações ou recomendações que eles faziam para seus leitores – como veremos, as prescrições seguem as linhas gerais das prescrições monásticas da leitura. Outro problema a ser considerado é a falta de possibilidade de separar a leitura da escrita, o que se deve ao fato de serem os leitores os próprios produtores de texto e, portanto, necessitarem de realizar uma leitura proveitosa, no sentido de ler com mais agilidade e ler mais textos para serem utilizados como fontes nos seus escritos, bem como selecionar textos a serem lidos seguindo a regra da utilidade, ou seja, selecionando textos que seriam úteis no desenvolvimento das matérias que iriam ser trabalhadas (Hamesse, 2001, p.186).

Escrever e ler para conhecer e ensinar

D. Pedro, no seu *Livro da virtuosa bemfeitoria*, admite que seu trabalho era voltado para levar o conhecimento àqueles que o queriam e poderiam ter, além disso, acrescenta o nobre que tal tarefa era importante para si mesmo, ou seja, se os leitores não ficassem satisfeitos com a obra final, ele, pelo seu próprio percurso de escrita e leitura, já havia aprendido, e isso já bastava. Dessa forma, o autor confere à escrita e à leitura um papel específico: autoaperfeiçoamento. Vejamos o que o infante diz:

> E os que desta senzaçom contentes nom forem, maginem que minha tençom he de *ffazer esta obra soomente pera mỹ* e pera quaaesquer outros

---

2 Cf. Calafate, 1999; Saraiva, 1993; Carvalho, [s.d.].

prinçipes e senhores, que teemos meyo stado antre os puramente auctivos, de cuia conueersaçom nos alongamos. (D. Pedro, 1981, p.535, grifo meu)

Essa consciência de que o estudo e a escrita eram exercícios de cada um para consigo mesmo se assemelha muito à ideia da leitura filosófica dos antigos. Na verdade, a formulação do nobre D. Pedro foi inspirada na sua leitura de Sêneca, pois seu tratado propunha ser uma compilação dos "sete pequenos liuros" desse "grande philosopho moral", que davam "a enssinança aos homeẽs que desto rrazoadamente quisessem usar [...]" (ibidem, p.534). A ideia de que a escrita era uma atualização dos próprios conhecimentos adquiridos por meio da leitura e da experiência está ligada à noção de que o alvo das filosofias morais é procurar a perfeição, objeto da vida moral. Isso porque, por meio do conhecimento adquirido nos bons livros, e do exemplo de homens virtuosos, o cristão aprendia as práticas que conduziriam a uma vida feliz. Assim, a perfeição era tida como o objeto da vida moral, e a leitura era um dos mecanismos condutores da perfeição. Além disso, para o bom cristão, o dever da perfeição era acompanhado da ideia síntese das filosofias morais: fazer o bem e evitar o mal (Leclercq, 1967, p.354).

Não se deve pensar, portanto, que a leitura fosse apenas para o autoaperfeiçoamento, pois este, já que o compromisso maior devia ser fazer o bem, estava atrelado ao aperfeiçoamento do outro. Aquele que era bom cristão tinha como dever compartilhar os seus conhecimentos, pois as práticas de si cristãs eram tanto voltadas para a vida virtuosa do praticante quanto para o cuidado dos outros; ou seja, além de fazer o bem para si, o cristão deveria fazer o bem para os outros. Nesse sentido, os autores de Avis tinham a preocupação de exercitar a escrita tanto no sentido de atualizar o próprio conhecimento, como também de levar o conhecimento sobre a moral "[...] aos portugueses amadores de virtude [...]" (Livro dos ofícios de Marco Tullio Ciceram..., 1981, p.769) e, dessa maneira, eles estariam, igualmente, fazendo o bem para si mesmos — caso de D. Pedro, que declara que escreve para si mesmo. Da mesma forma, levar o conhecimento aos outros era fazer também o bem, como declara D. Duarte no seu livro *A ensinança de bem cavalgar toda sella*: o objetivo de compor um livro sobre a *scyencya* de cavalgar era ensinar e trazer à memória as boas práticas do cavalgar, isto é, era "ensynar os que tanto nom souberem, e trazer em renembrança aos que mais sabem as cousas que lhes parecerem, e nas fallecidas enmendando no que screvo a outros podeerem avysar" (D. Pedro, 1981, p.447).

Antes de tratar das prescrições sobre a leitura, ou melhor, dos aconselhamentos feitos por esses autores para os seus leitores sobre a maneira como eles deveriam ler os seus livros e outros que tratassem das virtudes e do bem moral, vale apontar que as elucidações desses autores sobre os porquês e as motivações da escrita dos tratados permitem-nos notar sua pretensão de que aquelas obras se diferenciassem de alguns livros *destorias*, nos quais o entendimento era pouco trabalhado (D. Duarte, 1942, p.4). Esses textos moralizantes, portanto, deveriam ser lidos de modo que a compreensão deles não fosse distorcida,[3] pois as matérias trabalhadas por esses autores estavam comprometidas com o estímulo a uma vida virtuosa, e mais, esses livros eram considerados condutores das mudanças que poderiam ser realizadas no homem e na sociedade.

Esse duplo escrita/leitura como prática de si compõe para os autores quatrocentistas o tal jogo entre cuidar de si mesmo e cuidar do próximo, e tem como horizonte a noção do socratismo cristão, ou melhor, tem como horizonte a prescrição moral do julgamento interior e prévio das ações de cada indivíduo, assim, tem como ponto fundamental a intenção dos atos.[4] Na leitura, os príncipes de Avis buscavam os bons exemplos e bons ensinamentos e, dessa forma, tinham a possibilidade

---

3 A noção de distorção aparece na obra de D. Duarte quando ele alerta que um dos motivos para elencar formas corretas de ler era com fim de evitar a crença nas palavras daqueles que eram inimigos da verdade – retornarei a essa ideia na parte final do capítulo, quando tratarei mais diretamente das prescrições da leitura. Além disso, como alerta Antonio Castillo Gómez (2003), o entendimento do texto se faz por dois mecanismos: o primeiro é a materialidade do texto, e o segundo do leitor. Assim, no momento da leitura, o leitor tem a "oportunidade de *inventar* algo distinto do que era previamente a intenção do texto", e daí advém a necessidade de se criarem "pautas de apropriação" do texto com o objetivo de evitar as recorrentes distorções ("Del Donoso y grande escrutínio". La lectura áurea entre La norma y la transgresión. In: Gómez, 2003, tradução minha).

4 A chamada moral da intenção já foi trabalhada no segundo capítulo, mas para qualquer esclarecimento, ver: Chenu, 2006; Gilson, 2006, p.278-303.

de meditar sobre si e sobre as práticas de si, e, na escrita, eles poderiam, além de repassar esse conhecimento, falar de si, confessar e também oferecer-se como exemplo. Falar de si e dizer o verdadeiro sobre si tornou-se uma condição para a salvação; essa é a grande inovação da Idade Média na história das práticas de si (Foucault, 2006, p.437). Nesse momento histórico da espiritualidade e da pastoral cristã, ocorre o desenvolvimento demasiadamente complexo da arte de falar, que se concretizou a partir de dois signos: a arte de falar do mestre e a arte de falar do ignorante, do perdido. No que compete ao mestre, essa arte de falar é problemática, complicada, pois está fundada "na palavra fundamental", "a Revelação", e "na escrita fundamental", "a do Texto" (ibidem, p.436). Mas há também a palavra daquele que não está iniciado na moral, a do ignorante, que tem como obrigação dizer a verdade sobre si mesmo em busca da salvação. Esse dizer a verdade sobre si mesmo se fixou na prática da confissão, que, no concílio de Latrão de 1215, tornou-se obrigatória e anual (Delumeau, 1991, p.13), mas tem seu sentido mais importante no "estatuto existencial daquele que confessa" (ibidem, p.7), que, antes de mais nada, deve ser consciente. A obrigação cristã de falar a verdade sobre si mesmo pressupõe a tomada de consciência de si, sendo o próprio indivíduo objeto de leitura, uma leitura da sua interioridade (Chenu, 2006, p.38), dos seus desejos obscuros que são revelados ou remoídos no remorso.

O encargo de falar, que esbocei em poucas linhas, os nobres autores de Avis assumem para ensinar, ou melhor, usam a escrita para corrigir algumas práticas e convidar os seus leitores a partilharem do conhecimento que eles já tinham adquirido: "[...] vos quero screver do que sobr'ello entendo, e pera o poderdes seguir se vos bem parecer" (D. Duarte, 1942, p.146). Da mesma forma, tornavam-se o próprio exemplo virtuoso das prescrições que eles construíam e ofereciam a seus leitores: "[...] vos recontey algũas praticas que meus irmãos e eu, per graça e mercee de nosso senhor deos e de sua madre nossa senhora sancta Maria, guardavamos ao muy vitorioso, digno de grande e louvavel memoria El Rey [...]" (ibidem, p.357). Os trechos aqui selecionados não são os únicos que aparecem nos tratados, ao contrário, esse tipo de passagem era muito recorrente nesses livros, sendo encontrada, por exemplo, no *Livro da montaria*, no qual D. João recorre à sua experiência da caça para ensinar o modo correto desse desporto; ou ainda, nos prólogos, nos quais os autores esboçavam os porquês da escrita que coincidiam com o querer escrever para levar o conhecimento de práticas que deveriam ser seguidas.

As fronteiras entre as práticas de cada um para consigo e para com os outros não podem, entretanto, ser claramente definidas – como foi adiantado. Na verdade, compunham o mesmo plano de atitudes, e é por essa falta de precisão entre uma dimensão e outra que procurar entender a questão dos modos de ler dos próprios autores só é possível à luz das prescrições que eles faziam para os seus leitores, partindo-se, assim, da ideia, trabalhada anteriormente, de que a experiência particular servia muitas vezes como um modelo a ser divulgado. No entanto, antes de recorrer aos enunciados prescritivos, há uma outra série de enunciados que são elucidativos dos modos de ler desses autores: as incontáveis retomadas às autoridades, que em grande maioria eram os santos padres e os autores antigos.[5] Em linhas gerais, a recorrência às autoridades era feita para dar mais peso às teses afirmadas nos tratados, e muitas das vezes apareciam sem o devido anúncio de onde elas foram retiradas. Isso porque, no pensamento medieval, os autores, pensadores, eram apagados pela grandeza da verdade que eles escreviam, e assim podiam fazer pelo dom de Deus, que era patrimônio de todos (Carvalho, [s.d.], p.373). O uso dessas autoridades, no entanto, não se efetivava sempre a partir de uma leitura apurada de todas as obras desses autores. Muitas das vezes, os enunciados demonstram uma conformidade com a prática da leitura fragmentária, muito difundida a partir do século XII (Hamesse, 2001, p.188), ou seja, um tipo de leitura que consistia em selecionar, mediante critérios de rentabilidade e utilidade, trechos e passagens que deveriam ser assimilados rapidamente, sem necessariamente um conhecimento profundo das obras.

A leitura fragmentária, como vimos anteriormente, desenvolveu-se

---

5 Como lembra Ernest Curtius (1996), os medievais tratavam como antigos todos os textos passados, sem a noção moderna de antigo para os textos da Antiguidade. Nesse sentido, cumpre salientar que a acepção de antigo, aqui tomada, era para todos os textos utilizados como fontes e que não eram contemporâneos aos autores.

principalmente no período do advento do método escolástico[6] e das universidades. No ambiente universitário, o livro era um instrumento e, por essa razão, sua produção tinha que levar em consideração o manuseio, e a preocupação fundamental era facilitar a leitura,[7] porém visando o conhecimento de mais textos e autores e não propriamente uma leitura mais rápida, pois, como veremos, a leitura nesse período se configura por ser intensiva, isto é, os textos deveriam ser lidos, memorizados e conhecidos de cor (Chartier, 1944, p.187). Dadas essas preocupações, o número de textos que deveriam ser lidos aumentou e também os modos de ler modificaram-se, prevalecendo a utilidade na obtenção do conhecimento (Hamesse, 2001, p.188).

O livro era um instrumento e a leitura fragmentária, um dos métodos utilizados na escolástica, igualmente conhecidos e utilizados pelos nobres de Avis, principalmente por D. Pedro, que tinha uma preocupação em empregar o método expositivo utilizado nas escolas; método que consistia na exposição de cada conceito dividido em partes coerentes para análise e dos quais se retiravam as conclusões. Também utilizava o método escolástico, que consistia em apresentar a tese adotada, depois a oposta, apresentando as razões em que se fundava, bem como as razões que a anulavam (Saraiva, 1993, p.219). Esses métodos utilizados pelos autores para a exposição de suas ideias era determinante também nas prescrições que eles faziam para os seus leitores, sendo a formulação geral nessas prescrições a de que os leitores deveriam obedecer à ordem do escrito no momento da leitura:

> E porque em todas as obras que os homees fazem em o escreuer, aqueles que as leem, filham as entenções de muytas guisas, ca segundo os entenderes de cada hum assi filham as entenções, e porque os que este liuro leere, saibam a ordem, que nos tiuemos em o fazer, rogamoslhes que quando o quizerem leer a primeira uez, que leam primeiramente este prólogo, e deshi os capítulos que se seguem na taboa delle, e per alli saberam a entençom que tiuemos em o escreuer, e primeiramente seguesse o prólogo. (D. João I, 1981, p.5)

---

6 Sobre os métodos da escolástica, ver: Le Goff, 1989.
7 Ver: Le Goff, 1989, p.71-4.

Essa prescrição dada pelo rei D. João I é significativa, pois alerta o leitor para a importância de seguir a ordem da disposição das obras. Dessa maneira, o leitor poderia se familiarizar com as intenções e escolhas dos autores, como ocorre no *Livro da montaria*. Todavia, como veremos logo adiante, essas prescrições dadas ao leitor tratavam quase sempre da importância de respeitar a ordem da exposição, pois a grande maioria dos textos estabelecia um encadeamento das ideias de maneira a conduzir o leitor. Esse encadeamento, por vezes, aparecia em conformidade com a dialética escolástica, ou ainda com a maneira expositiva aristotélica. Como alerta D. Pedro, a exposição de suas ideias obedecia à regra de analisar o particular para entender o geral, pois todas as coisas participavam da lei universal e no particular se tinha o geral:

> Toda cousa geeral tem o seu seer em cousas speçiaaes. E a natureza speçial, em as sustâncias particulares faz sua morada. Assy como anymal que he genero tem sua natural sustançia em o homem, e em aue, e em besta que som naturezas speçiaaes. E o homem tem sua essençia em pedro, e em Iohane, que som cousas particulares. E sse estes singulares nom fossem, nom seria a natureza geeral, assy como se nunca fosse homem singullar, nom seria natureza speçial dos homeẽs que he chamada humanydade. E semelhauelmente se nom fossem desuayradas e particulares lex de cauallaria e de rreligion e dos outros stados pereçerya a ley uniuersal, perque a comunydade he goueranda. E por esto diz Aristotilles nos predicamentos, que tirando todallas cousas particulares, he impossiuel de ficarem as naturezas uniuersaaes que em ellas som portadas, e com ellas teem liança natural. E hũ'as nom podem seer conhecidas sem as outras. (D. Pedro, 1981, p.552)

Os modos de exposição dos textos avisinos demonstravam o conhecimento e a utilização do método escolástico, que era necessariamente o modo pelo qual eles escolheram conduzir os seus leitores a lerem os seus livros assunto que retomaremos mais adiante. Pode-se, no entanto, afirmar que era por meio da leitura fragmentária – modo de ler que conheceu sua primazia entre os escolásticos — que esses autores adquiriam os seus conhecimentos? Todos os indícios encaminham para uma resposta positiva, pois, como já alertei, nos textos avisinos avolumavam-se as retomadas de diferentes autores, fato que demonstrava a utilização dos mecanismos da leitura fragmentária para obtenção da fundamentação das teses que esses autores deveriam desenvolver. Esses enunciados eram simples e vagos e relacionavam-se à necessidade ou preferência desses autores pela compilação, pelas traduções ou, ainda, pelo traslado de um ou outro texto ou trecho dentro de suas obras. O próprio rei D. Duarte assumiu, no prólogo do seu *Leal conselheiro*, que fez "tralladar" em alguns capítulos textos de outros livros, pois "[...] faziam declaraçom e ajuda no que screvia" (D. Duarte, 1942, p.6). E complementa o nobre a seu leitor que, se isso fosse feito, ele demonstraria onde e de quem cada trecho era retirado.

As retomadas desse escritor aos trechos trasladados, bem como aquelas dos demais autores avisinos, nem sempre, porém, demonstravam o conhecimento da obra, antes sugeriam a predominância da leitura de determinados trechos e capítulos. Além disso, a falta de precisão em determinar as fontes consultadas conduz-nos a pensar que, em grande parte, eles buscavam textos como glossários, livros de sentenças,[8] entre outros, que continham trechos selecionados, traduzidos, e copiados para o leitor da sua época. Esses livros apresentavam fragmentos de textos de autores importantes que deveriam ser conhecidos por trazerem os bons exemplos e os bons *falamentos* e, pelas condições em que se encontrava a produção dos livros na Idade Média, esse tipo de obra gozava de significativa aceitação, pois proporcionava uma certa agilidade na transmissão dos saberes, já que os livros eram tão raros. Em suma, a leitura fragmentária, obtida principalmente por meio dos livros de sentenças, glossários, florilégios, entre outros, proporcionava aos autores avisinos a possibilidade de conhecer, mas de forma secundária e filtrada, o maior número de textos possíveis, que versavam sobre as matérias filosóficas e pedagógicas privilegiadas por esses autores.

---

8 Sobre a importância e a divulgação que esses textos tinham no ocidente medieval, ver: Hamesse, p.181-210. Para uma consulta específica sobre a história dos livros em Portugal – os textos copiados, impressos e divulgados –, ver: Marques, 1987a, p.173-84; Marques, 1987b, p.400-30; Anselmo, 1998. Especificamente sobre o ensino nas escolas e universidades portuguesas, ver: Carvalho, [s/d].

Os glossários, os florilégios, os livros de sentença, as enciclopédias, entre outros, muito divulgados em Portugal e em todo o Ocidente cristão a partir dos séculos que sucederam o aparecimento do ensino universitário, serviram principalmente à necessidade de divulgar as matérias doutrinárias (Hamesse, 2001, p.188). Entretanto, já na origem do cristianismo foi fundamental o ensinamento dos Evangelhos, ou seja, a pregação da fé a partir da doutrina e da trajetória de Jesus Cristo (Gilson, 1995, p.15). No início do cristianismo, pois, foi decisiva a ideia de uma religião que advertia sobre as mazelas e o pecado e propunha na sua doutrina o remédio para a Salvação; tudo isso por meio do livro das Sagradas Escrituras (Boehner; Gilson, 2008, p.12-3). Assim, conhecer as escrituras era uma obrigação cristã, pois elas eram a base dessa religião. No entanto, além da palavra de Deus, o esforço especulativo cristão se alimentou, também, de outras tradições para ganhar força e construir a sua visada sobre o mundo. O que pretendo dizer é que os pensadores cristãos do século XV tinham uma profunda consciência de que seu saber nada mais era do que uma parcela de um empreendimento coletivo e duradouro e, portanto, não se propunham, como nenhum pensador cristão, romper totalmente com o passado, fosse pelo dever do conhecimento das Sagradas Escrituras ou, ainda, pelo apego à tradição conduzida por uma fé e pelas autoridades (ibidem, p.11) e pelo reconhecimento do contributo de outras tradições não cristãs. Em qualquer desses casos, o cristianismo necessitava de textos. Necessidade ainda mais emergente no século XIII, quando surgiu a primeira grande provação para a filosofia cristã: o debate contra o predomínio das propostas de Averróis (Libera, 1999, p.145-6).

Nesse momento de transformações no próprio pensamento cristão, a importância da autoridade do escrito cresce significativamente (Zumthor, 1993, p.28), concretizando de fato o papel do escrito para a divulgação das verdades cristãs, pois, além de seu próprio surgimento ser fundado num texto primordial, a sua filosofia tinha, cada vez mais, que fundamentar suas teses e divulgá-las em diferentes meios para se concretizar como paradigma daquele período. Autoridade, ainda, dada pela necessidade do registro dos fatos da vida do cristão que deveriam ser dignos de memória; melhor dizendo, a vida cristã estava marcada pela constante lembrança do Paraíso e do Inferno e das virtudes e vícios que conduziam a alma para um ou outro lugar, dependendo das escolhas terrenas (Yates, 2007, p.83-4). Porém, antes de adentrarmos na ideia de que a memória é fundamental para as construções das prescrições sobre as práticas de si, mais especificamente sobre a leitura, é bom entendermos como esses homens conceituaram a memória. E, para tanto, vale recorrermos mais uma vez ao rei D. Duarte, melhor, aos dois primeiros capítulos do *Leal conselheiro* que privilegiam a arte da memória (Dionísio, 1996, p.148). O ponto de partida do nobre autor é a diferenciação do ato de trazer os fatos e exemplos passados à memória – "rrenembrar" – da faculdade racional e sensitiva – memória (D. Duarte, 1942, p.13). No entanto, antes de fazer essa repartição, D. Duarte (idem, p.7-8) esclarece a importância da memória e, portanto, o porquê de se ocupar dela:

> Segundo, de rrenembrar, per que bem e longamente nos lembra o que sabemos, veemos e ouvimos, penssamos e ordenamos fazerr. Esta recebe ajuda custumandosse a filhar alguas cousas na memória, com ryja voontade. E per o ssaber da arte memorativa bem ordenada, mais tenho que se acrecente que o contrario, como alguus dizem.

Ao recordar que a arte memorativa só vem acrescentar, o nobre estabelece já de início a importância moral da boa memória e sua função no aprimoramento de si, assim, o exercício de aprimorar a boa memória é algo que ganha relevo nas construções morais cristãs. Essa ideia da relevância da memória pode ser entendida se recorrermos ao papel do passado, do presente e do futuro para esses homens. O estado atual do homem é do aprimoramento de si, que visa um futuro que se identifica com o retorno a Deus, ou seja, à felicidade eterna da salvação.[9] Contudo, na ordem da moral, essa formulação cria um problema, pois se o futuro é seu alvo, este é da ordem da promessa, enquanto na moral é do presente que se deve cuidar, melhor dizendo, na moral, há de se fazer regular as atitudes, há de se aprender a buscar o bem no agora e

---

9 Sobre a questão do retorno para Deus, embora ainda em linhas gerais, ver: Boehner; Gilson, 2008, p.242-6.

não esperar a promessa ser cumprida.¹⁰ A solução para esse problema acaba, portanto, por ser justamente atribuir importância ao passado, mais facilmente julgável que o presente, e era nele que os homens deveriam procurar seus modelos. Esse passado, porém, é interpretado a partir de seu valor simbólico: o momento do paraíso perdido, anterior à Queda, ou o momento descrito na Bíblia em que os homens estavam em comunhão perfeita com Cristo (Baschet, 2006, p.319). Como faz recordar esses momentos fundadores da relação do homem com o sagrado, o passado é sempre glorificado em detrimento do presente, tido como um momento menosprezado. O presente é aquele momento de passagem, de aprimoramento, movido pela esperança do retorno a Deus.¹¹

Mas não é apenas essa temporalidade coletiva que é motivo de reflexão pelos autores quatrocentistas, há também um passado do indivíduo objeto de aprimoramento. A esse respeito, D. Duarte alerta para o problema de as lembranças estarem esparsas na mente, e propõe que só a prática da memória poderia reavivá-las e poderia permitir sentir o que outrora foi sentido. Mas, para reavivar a memória é necessário, como o nobre revela, estímulos exteriores que eram de fundamental importância para os homens da Idade Média:

> Esto filho per o que a esperiencia me demostra que dagũas cousas tristes avemos lembramento que nom recebemos algũu sentido, a qual lembrança me parece principalmente aa cabeça perteencer. E aquella medês per vista de pessoas, ouvir de pallavras, trespassa ao coraçom como se o feito rezente fôsse quando el se nembra e o ssentia. No filhar dalgũas meezinhas que o corpo ja torvarom, se dellas avemos hũa symprez lembrança, nom faz força, e sse as veemos, por que tal vista representa o que já sentimos, faz manifesta mudança, por trespassarem estas lembranças e semelhantes em bem e no contrairo ao coraçom, e tornar a ssentir o que já sentimos. (D. Duarte, 1942, p.13)

Nesse trecho, o nobre alude a estímulos ocasionais – a visão; as conversas; os medicamentos –, porém há uma outra ordem de estímulos

---

10 Cf. Brito, 2007.
11 Para um esboço de que como essa ideia foi trabalhada por diferentes pensadores cristãos, ver: Boehner; Gilson, 2008.

ligados à sustentação das verdades cristãs. Refiro-me, propriamente, aos sistemas simbólicos da sociedade medieval. A esse respeito, Georges Duby e André Vauchez trazem como exemplo a construção e a decoração das igrejas medievais, que tinham uma função pedagógica importante na época. Para tanto, o autor parte da autobiografia do abade Suger,[12] que sistematizou a ideia da iluminação nas igrejas, para o abade "[...] cada criatura recebe e transmite uma iluminação divina segundo as suas capacidades, e os seres, como as coisas, são ordenados numa hierarquia, em conformidade com o seu grau de participação na essência divina" (Duby, 1993, p.113; Vauchez, 1995, p.186). O exemplo mostrado por Duby e Vauchez nos dá mostras de como essa sociedade valorizava os sistemas de imagens e símbolos que serviam como estímulos cotidianos para a memória do cristão.[13] Porém, essas imagens e símbolos também estavam presentes nos textos medievais, que aqui, posso dizer, eram recheados de descrições que reavivam a memória dos leitores sobre as escolhas que eles deveriam fazer em vida para cumprirem o destino salvacionista. Para ilustrar tal ideia podemos recorrer ao nobre D. Duarte:

> Ainda que deos por sua grande, abssoluta, infi[inda] e segreda voontade algũus de stados vyciosos e culpados [...] por isso tam grande sandice he em atrevimento da boa voontade de deos desprezar o estado das virtudes, e escolher o estado dos pecados, como seria se algũu quisesse passar algũu ryo periigoso e tormentoso, e achasse duas barcas: hũa forte e segura e muy bem aparelhada, e em que raramente algũu se perde e por a mayor parte todos em ella se salvam, e outra velha, fraca, podre, rota em que todos se perdem, e algũus poucos se salvam. A barca firme e segura e forte e bem aparelhada, o estado das virtudes he, e de boo e sancto vyver honesto, e sem querella de deos e do prouxymo, em que muy poucos perecem e a mayor parte se salva, em tal estado assy como [em a] barca segura podem navigar seguramente e passar sem perigoo per as ondas da tormenta deste mundo a porto seguro e [divinal] prazer que he a gloria. A barca fraca,

---
12 André Vauchez informa que esse é um "grande abade de São Dinis" (Vauchez, 1995, p.186).
13 Cf. Yates, 2007, p.111-38.

> podre, rota, o estado dos pecados he, e da maa e corrupta e des[s]oluta vyda, em tal estado assy como em barca podre nom pode com segurança e sem perigoo as tormentas da presente vyda passar, nem a porto de folgança e desejado aportar. (D. Duarte, 1942, p.350-1)

À sua maneira, D. Duarte recorre à imagem e à simbologia das duas barcas para lembrar ao leitor a importância do reto caminho. Há de se lembrar aqui que tal formulação sobre os sistemas simbólicos e sua importância parecem remeter à célebre tese de Santo Agostinho sobre a memória. Para ele, as imagens das coisas e o pensamento sobre elas – que recorda, reelabora e inter-relaciona – constrói um depósito imenso e infinito, cuja definição só pode ser a memória (Heidegger, 1997, p.35). Porém, ainda para Agostinho, tal conceituação traz um problema, melhor, uma confusão, pois o homem, quando se recorda das imagens dos objetos da natureza, esquece-se de si mesmo (ibidem). Daí a necessidade de um esquema para a memória, em sentido positivo, em que ela se coloca no jogo da interioridade, do si — posição inicial —, que faz o exercício de relembrar atingir o ponto mais alto, o sagrado, pois é na interioridade, e principalmente na memória duplicada do coletivo e do individual, que Deus é buscado (Ricoeur, 2007, p.109). Atualizando o pensamento do Santo, D. Duarte propõe um esquema no qual a memória pertence à razão; desse modo, a memória acrescenta no entender e na capacidade humana de diferenciar o bem do mal. Porém, para o nobre, a memória deve ser cuidada para cumprir o seu papel:

> Dou porem consselho que, por grande que alguem a ssynta [memória], que nunca em ella muyto se confii, por que fallece ligeiramente onde compre per muytas guisas, e porem sempre se proveja em toda cousa que bem poer as cousas em scripto ou mandar que o lembrem, como se penssasse que a fraca tevesse. (D. Duarte, 1942, p.14)

Nesse trecho, o Rei anuncia sua desconfiança em relação à memória e a importância de se ter sempre a necessidade de "lembretes" para reforçá-la. Porém, em outro momento, ele é mais metódico, ao analisar essa desconfiança, quando revela que ela advém da incompreensão que o nobre tinha de todas as potencialidades que a memória tem, tanto que ele não se furta a questionar sobre essas potencialidades; um questionamento que se estende para as dúvidas sobre a própria existência. Mas esse é um dos raros momentos em que o autor, aparentemente, sai da sua proposta de aconselhar para refletir sobre questões mais profundas, pois, na mesma passagem, ele revela a sua resignação e aceitação de verdades que são da ordem da fé e, portanto, vão além do intelecto humano. Vejamos o que o nobre nos diz:

> E naquesto nom devemos duvydar, posto que perfeitamente nom entendamos como todo pode seer. E pareceme grande sympreza filhar duvyda no que per a ssancta igreja he determynado, que se crea, por nom se poder entender. Ca de nossa natureza, como obra tem discretamente, quem o entende? *E o poder da memoria, veer, ouvyr, cheirar, gostar e mais special sentir, qual perfeitamente per razom o podera demostrar?* Pois se o que avemos em nos nom percalçamos per natural juízo, como as cousas de nosso senhor queremos perfeitamente entender e jugar? Porem todo esto que se nom entenda como he dévesse per obediencia da ffe aver por entendido, creendo tam sem duvyda como se per clara razom nos fosse demostrado, conhecendo nossa fraqueza, e segundo nosso mericymento da humyldade e obediencia. (ibidem, p.155, grifo meu)

Além de questionar sobre as potencialidades da memória, D. Duarte também desconfia dela, porque, mesmo sendo uma faculdade do homem, ela é fraca e pode ser acompanhada ou substituída pelo esquecimento. Este, contudo, pode ser positivo ou negativo, dependendo se ele for induzido ou acidental.[14] No caso de amnésia acidental, por exemplo, aquela amnésia que resulta em negligência ou em consequência danosa para alguém ou si próprio, o esquecimento ganha a esfera de falta moral, pois implica em um desligamento do passado e do presente e, como se não bastasse, do futuro salvacionista. No que diz respeito ao esquecimento como falta moral, tal ideia não se apresenta claramente exposta no *Leal conselheiro*, mas aparece definida no *Livro da virtuosa Bemfeitoria*, no momento em que D. Pedro apre-

---

14 Cf. Dionísio, 1996. Ver também: Ricoeur, 2007, p.428-35.

senta a virtude de agradecer como sendo, para ele, uma das principais. Nessa altura, seguindo seu modelo expositivo, primeiramente ele trata do que é o agradecimento, e segue apresentando "[...] as cousas que som neçessarias ao gradecimento pera compridamente seer posto em obra" (D. Pedro, 1981, p.707). A primeira dessas coisas é exatamente a "continuada nenbrança", a qual, para ser alcançada, é necessário que "cada huũ sera diligente, cuydando a meude os beẽs recebidos, por nom squeeçer o agradecimento" (ibidem, p.707), pois, segundo D. Pedro, esse esquecimento é prejudicial ao bem moral. Portanto, há de se ter o cuidado com a memória, pois ela é fraca, e para evitar o esquecimento cabe a todos uma *cautella mayor* e "[...] trazer sempre a nossa presença as benffeyturias que doutrem ouuermos, as quaaes nom podemos squeeçer sem grande doesto" (ibidem, p.708). Dessa maneira, o bom cristão deve sempre se lembrar das coisas recebidas, seja por Deus ou por outros homens de boa fé e, por meio da lembrança, o cristão coloca em prática a virtude de agradecer as benfeitorias recebidas. Assim, a memória apresenta-se como um importante caminho para o aprimoramento de si, pois a falta dela, para D. Pedro, conduz à ingratidão e ao pecado.

No que diz respeito ao referido aspecto positivo do esquecimento, igualmente contemplado pelos quatrocentistas, ele se deve ao seu potencial de retirar do coração o pecado da tristeza. Nesse sentido, no conjunto das construções prescritivas desses autores, o esquecimento podia também funcionar como uma espécie de perdão de si mesmo, ou melhor, uma forma de reconciliação com o próprio passado (Ricoeur, 2007, p.423). D. Duarte, a esse respeito, aconselha o seu irmão D. Pedro a usar do esquecimento quando os erros passados voltassem à tona e se

> [...] vos vêem ameude taaes nembranças, que muyto vos querem derribar em abaixamentos e menos-preços de vossos feitos, pessoa ou vida, logo vos alçaae, dando graças a deos, trazendo aa memoria todos aqueles bẽes que del avees recebidos de cadahũu dos sobredictos poderes. E com devydo agradecymento oolhando em elles, tiraae da memoria aquelaa nembrança, por que em ella muyto durando, per força vos trazera grande tristeza. (D. Duarte, 1942, p.91)

Partindo do princípio de que o bom cristão não podia ser triste, nem se render às faltas passadas, esse é o alerta de D. Duarte, porque entendia que a vida na moral cristã era vivenciada no amor de Deus por suas criaturas, um amor pedagógico que ensinava o reto caminho, mas também um amor do perdão, da remissão dos pecados e, por consequência, um amor tão pleno que não somente ensinava, e sim salvava (Leclercq, 1967, p.178). Além de alertar o seu irmão D. Pedro para usar do esquecimento para não cair na tristeza, D. Duarte também expõe — tal como seu irmão faz no *Livro da virtuosa Bemfeitoria* — que o dever moral de ser grato a Deus por todas as coisas boas que ele nos dá e, em nome dessa gratidão, não nos permitia cair na tristeza e remoer as faltas passadas. Mas o nobre vai ainda além, ao dizer que há de se perdoar as faltas cometidas no passado, pois os erros cometidos outrora servem para ensinar a não cometê-los novamente, e mais, cumpria a cada cristão fixar-se na lembrança da misericórdia divina; e, assim, ele encerra a ideia de reconciliação de si mesmo com o passado. A forma de esquecer esse passado faltoso devia ser substituir a lembrança do pecado pela lembrança da misericórdia divina, portanto, a técnica do esquecimento aludida por D. Duarte é uma técnica de substituição:

> E esto fazee enmendando sempre naquelles erros de que verdadeiramente vos sentirdes culpado, trazendo ante vos a nembrança da mysericordia de nosso senhor, em que devees aver segura sperança que todallas cousas faz por bem daquelles que o amam e servem, ou servir desejam a bem aos que teem propositos de sanctos, que he tomar de ssua mãao todallas cousas que nos faz que som por nosso bem, conhecendo que mais nos gallardoa que merecemos, e menos pena do que somos culpados. (D. Duarte, 1942, p.91)

Em suma, seja na memória ou no bom esquecimento – este igualmente devedor da memória, pois nada mais é do que uma técnica de substituição de uma lembrança triste por uma boa –, vê-se a articulação dos tempos cristãos. Pela memória, o cristão organiza e reescreve o seu passado, trazendo-o para o presente e para a atitude de aprimorar a si mesmo; do mesmo modo, pela memória, se estabelece uma ligação com o sagrado, com a misericórdia divina expressa em todas as coisas boas que já vivemos ou que temos. Além disso, a misericórdia divina e todas as coisas que Deus oferece são provas da promessa de salvação projetada num futuro em que o cristão retorna à vida com Deus. Para sintetizar o seu esquema da memória e, portanto, para deixar bem claro como os três tempos cristãos se articulam no seu edifício moral, D. Duarte insere a memória e o entender como objeto de cuidado da virtude da prudência:

> Por que nos avemos memoria, entender e voontade, pareceme que toda cousa em que fallecemos he per fallicymento de cada hũa destas partes, scilicet por nom nos nembrar, nom entender, ou myngua de boa voontade. E pera governar a memoria e o entender avemos prudencia, a qual se pinta com tres rostros, per que se entende nembrança das cousas passadas, conssiiraçom das presentes, e provydencia pera o que pode acontecer ou speramos que seja. (D. Duarte, 1942, p.208-9)

Inserindo, pois, a memória como um objeto de cuidados realizados pela virtude da prudência, e ainda, formulando a ideia de que todo mal pelo qual padecemos se origina do não uso pleno da memória, do entender e da vontade, ele demonstra como a arte memorativa é uma faculdade que merece ser objeto das práticas de si cristãs, pois sem ela não se alcança o perfeito aprimoramento de si.

Descrevi, até aqui, a memória como prática de si de um ponto de vista mais conceitual, procurando identificar como aqueles homens entendiam a memória e como ela se tornou objeto de prescrições. Voltemos, agora, o olhar para como operam, dentro das práticas de si, especificamente as práticas de leitura. Buscarei, sobretudo, algumas linhas gerais que demonstram a importância da retomada pela memória dos exemplos de perfeição, pois, na dimensão da narrativa, esses exemplos aparecem sistematizados, lineares, e, dessa forma, configuram-se como apoios ou mesmo antecipações das regras das boas práticas de si (Ricoeur, 1991, p.180).

Como já vimos, nenhum sistema filosófico cristão se fixa renegando o seu antecessor direto; na verdade, a explicação cristã do mundo caminha com a ajuda ou mesmo com o dever de se procurar na tradição a sustentação de novas teses. Naquele momento, expus que esse dever com a tradição se manifestava nas inumeráveis retomadas às autoridades, contudo, vale aqui acrescentar, tais retomadas constroem imagens de exemplos virtuosos que devem ser fixados na memória, seguindo o esquema comum da escolástica de apresentar a tese edificante e sustentá-la com as retomadas exemplares.[15] Vale acrescentar que, na ordem do escrito, a construção imagética dos exemplos tem uma dupla função: a primeira, já comentada, é apresentá-lo a fim de construir um paralelismo entre quem outrora praticava os valores estabelecidos pela moral cristã e o que agora deve aprender; o segundo, e chamo mais atenção a este, se dá pela necessidade de criar uma ligação entre o leitor e o texto; melhor dizendo, retomar personagens conhecidos, além de reforçar a memória, também criava um terreno conhecido para um leitor que não tinha uma habilidade ou uma técnica tão apurada de leitura.

A esse respeito, devo lembrar que a história das maneiras de ler na Idade Média, sem grandes exceções, procurou mapear dois tipos de leitores, que aparentemente eram comuns naquela sociedade. O primeiro era o leitor "profissional", que tinha suas próprias técnicas de decifração do texto – na maioria das vezes tais técnicas eram usadas para a produção de novos textos (penso, aqui, na já comentada leitura fragmentária); o segundo era, digamos, um leitor ocasional, mais raro e que não possuía as mesmas técnicas de leitura, porém, gradativamente tinha mais acesso aos textos, dada a difusão paulatina dos livros no ambiente cortesão.[16] Reconheço que ambos necessitavam das retomadas exemplares, porém me parece que os leitores dos príncipes de Avis são o que chamei de leitores ocasionais, que tinham por dever conhecer as matérias tratadas para acrescentar em suas práticas cotidianas. Assim, acredito que os exemplos cumprem uma dupla função: acrescentar à memória e recordar os leitores, mas também criar a partir do comum, das referências partilhadas, uma ligação entre o leitor e o texto.

---

15 Cf. Yates, 2007, p.116.
16 Cf. Zumthor, 1993, p.104.

Tais funções, contudo, tinham como horizonte a função moral de acrescentar nas práticas de si, já que não se conseguia aprender as regras morais sozinho, pois havia a necessidade de se comparar com outro mais adiantado na moral. É, provavelmente, tendo isso em conta que D. Duarte transcreve um "auysamento" de frei Gil Lobo, o qual demonstra, em primeiro lugar, a importância do entender que separa o mal do bem e, ainda, como esse entender necessita dos bons exemplos para se constituir:

> He detriminado que todos auemos mester espora da vontade e esforço pera obrar como deuemos o que por bem entendemos.
> E freo d entender e razon com boa uontade que nos retenha e desuye do que vemos que he mal.
> Item Que sempre tenhamos olho nos perfeitos em bondades e a eles ajamos propósito de nos comparar. Qa se aos somenos regardamos nunca bem sentyremos nossos falecimentos nem consyramos o direito caminho que nos conuem d andar e gardar com a graça de nosso senhor deus a qual uos outorgue sempre pera bem uyuer e aCabardes em seu seruyço. Amen.
> (*Livro dos conselhos de El-Rei D. Duarte*, p.144)

Tendo isso em vista, cumpre acrescentar que nos tratados há três grupos ou séries de formulações que se ligam aos exemplos virtuosos: o primeiro são aqueles retirados da vida do próprio Mestre, são os enunciados em que os autores avisinos se declaram como modelos a serem seguidos; o segundo são as retomadas às imagens de príncipes letrados e virtuosos; e o terceiro são as imagens retomadas dos personagens bíblicos, dos santos e das autoridades do saber. Acerca da primeira série, cumpre lembrar que ela ocupa grande espaço nos tratados doutrinários, aparecendo essas formulações geralmente para validar o argumento prescritivo; ou seja, afirma-se que tais práticas, por serem virtuosas, são seguidas por eles, e assim os autores se apresentam como exemplo para aprimorar seus iguais. Com esse intuito, o nobre D. Duarte, no seu livro da *Ensinança de bem cavalgar toda sella*, argumenta que se ocupou de escrever sobre as habilidades do cavalgar, pois essa prática desportiva tinha uma grande tradição entre os nobres e, além disso, eles tinham afeição por ela. Acrescenta o nobre que as técnicas de cavalgar aludidas no dito livro eram as mais corretas, pois elas atualizavam os costumes que se tinham para o cavalgar, e ainda eram elas usadas por ele e os seus mais próximos:

> Mais em mynha casa vy: em quanto per mym erom husadas, todallas agora estes seguem e tam bem as que desemparom, os que de grande stado erom e a mym chegados semelhante faziom, e delles era pellos outros filhado exempro. (D. Duarte, 1981, p.512)

As retomadas dos príncipes letrados, por sua vez, cumprem a função de acrescentar determinados valores aos homens ligados ao poder, em especial a prática da escrita e da leitura, que desde o século XIII, mas, sobretudo, no XIV (Blanchard; Muhlethaler, 2002, p.85-127), vinham sendo acrescentadas nas atividades dos nobres. Um desses exemplos aparece no *Livro da montaria*, no qual o rei D. João relembra o personagem de Júlio César como um estadista e homem culto (Leitão; Dionísio, 2009, p.28). No entanto, é no *Leal conselheiro* que observamos a mais célebre formulação portuguesa sobre a importância de ler e escrever para os príncipes. No capítulo XXVII do dito livro, D. Duarte se ocupa dos erros cometidos pelos homens que conduzem ao pecado da ociosidade. Nos últimos parágrafos do texto, o nobre revela que ele muito gostaria de acrescentar na boa intenção dos seus leitores, mas, se isso não fosse alcançado, não seria grande problema, pois ao se remeter ao exemplo do seu pai D. João I, do seu irmão D. Pedro e do príncipe Salomão, D. Duarte revela que a prática da escrita bem cabe aos príncipes e, por isso, lhe traz contentamento escrever:

> E a mym parece, se afeiçom me nom torva, que os leedores deste trautado algũas dellas per el poderóm percalçar, porem me praz de o escrever. E ssemelhante o muy excelente e virtuoso rey, meu senhor e padre, cuja alma deos aja, fez hũu livro das oras de sancta Maria, e salmos certos por os finados, e outro da moontaria. E o iffante dom Pedro, meu sobre todos prezado e amado irmãao, de cujos feitos e vida muyto som contente, compos livro da virtuosa benfeituria e as oras da confissom. E aquel honrrado

Rey dom Affonso estrollogo, quantas multidoões fez de leitura! E assy Rey Sallamom e outros na ley antiga e doutras creenças seendo em real estado filharom desejo e folgança em screver livros, do que lhes prouve, os quaaes me dam perea semelhante fazer nom pequena autoridade. (D. Duarte, 1942, p.109-10)

Por fim, para construírem uma ligação do leitor com os seus textos e trazer novamente à memória alguns exemplos de virtude, os autores avisinos recorriam às imagens de personagens bíblicas, que na visão dos homens da Idade Média davam testemunho de vivência e se prestavam a ser objetos para os exemplos virtuosos.[17] Tomemos como exemplo uma construção do nobre D. Pedro que dá conta de tais retomadas: a certa altura do seu *Livro da virtuosa bemfeitoria*, ele argumenta que a teoria dos benefícios, ou do bem fazer, já havia sido regulamentada na *scriptura santa*, e, mais do que isso, o bem fazer é uma prescrição dada pelo próprio Jesus Cristo: "Nenbrenos o que diz nosso senhor Ihesu christo aos XXV capitullos de sam matheu. s. o que fezeste ao mais pequeno dos meus, a mym o fizestes" (D. Pedro, 1981, p.708). O chamado de D. Pedro para lembrar a palavra de Jesus Cristo, a maior autoridade para esses homens, se completa com o chamado a praticar tal como Jesus fez: "E sigamos a misericórdia daquesto senhor, cuia propriedade he amerçearsse fazendo o bem a todos" (ibidem). Nesse sentido, Jesus Cristo é a palavra de Mestre a ser lembrada, mas também é o próprio personagem da descrição, pois ele próprio pratica aquilo que ensina e, por isso mesmo, é tomado como exemplo. Na verdade, o personagem Jesus Cristo é o extremo desse tipo de construção, pois toda a história de vida desse personagem narrada na bíblia é tida entre os cristãos como um testemunho de virtude.

---

17 Cf. Foucault, 2006.

Prescrições para a boa leitura

Minha proposta, para finalizar este trabalho, é a de tentar observar como esses autores quinhentistas privilegiaram a leitura como uma das práticas de si que os conduziriam, juntamente com seus semelhantes, à salvação; argumento, a propósito, que só tem validade se observamos mais atentamente o que chamamos de prescrições para leitura. Em linhas gerais, as prescrições para um bom proveito da leitura tratam de dois problemas a serem corrigidos. O primeiro deles é o tempo gasto com a leitura, cuja recomendação é de que não seja em excesso, pois a leitura deve ser realizada com contentamento e proporcionar prazer, por ser ela um estímulo para a procura da perfeição, não podendo assim, ser um obstáculo ou impedimento dessa busca (Garcia, 2005, p.375).

Dessa maneira, o leitor devia ficar atento para não se enfadar do texto a ser estudado, por isso, D. Duarte inicia sua exposição alertando para a quantidade de horas que são separadas a cada dia para a leitura e também a quantidade de páginas a serem lidas: "A hũa ora nom leaaes muyto, mas boa parte menos do que poderdes, assy que se poderdes aturar leer doze folhas, nom leaaes mais de tres ou quatro. E aquesto he por o entenderdes melhor, e o passardes mais tarde, e vos enfadardes delle menos" (D. Duarte, 1942, p.348). Mesmo sendo a leitura um momento de contentamento, e assim deveria ser, ela não deixa de ser uma prática de si cotidiana; assim sendo, ela era uma regra que deve ser executada, pois "[...] devees alguas vezes provar de leer, ainda que vos pareça que nom avees voontade [...]", porque, mesmo se aparentemente o leitor começasse a ler sem vontade, ficar sem ler é uma falta consigo mesmo (ibidem). O segundo problema, consequência do primeiro, é acerca do número de páginas lidas, pois o leitor não deveria se preocupar com a quantidade delas, mas atentar para o entendimento do texto, como também era recomendável reler sempre, tanto a obra que está sendo lida como outras que já foram lidas e que proporcionaram descanso e aperfeiçoamento: "[...] algũu boo livro todo leaaes, nunca vos enfadees de tornar a o leer, por que algũas cousas entenderees sempre novamente, que vos farom proveito" (ibidem, p.349).

Essas prescrições, todavia, não são tão comuns quanto às retomadas das autoridades e dos exemplos. Elas aparecem, sobretudo, nos prefácios dos tratados, nos quais os autores aproveitavam a oportunidade para aconselhar o leitor. É este o caso do prefácio do *Livro da ensinança de bem cavalgar toda sella*, no qual D. Duarte, procurando diferenciar seu texto dos de *estoria*, prescreve ao leitor que evite a má compreensão de sua obra e o aborrecimento que ele poderia trazer se não fosse lido conforme a indicação:

> E os que esto quiserem bem aprender, leamno de começo pouco, passo, e bem apontado, tornando alguas vezes ao que já leerom pera o saberem melhor. Ca se o leerem ryjo e muyto juntamente como livro destorias, logo desprazerá e se enfadaróm del, por o nom poderem tam bem entender nem renembre; por que regra he que desta guisa se devem leer todollos livros dalgua sciencia ou enssynança. (D. Duarte, 1981, p.448)

Seguindo essa linha de prefácios que tinham como objetivo apresentar o texto e, por consequência, conduzir o leitor a um modo mais apropriado de ler, temos também o prefácio do *Leal conselheiro* do mesmo autor. Esse prefácio, já mencionado, é muito minucioso na descrição das recomendações que os autores faziam para os seus leitores; além disso, apresenta a expectativa que o rei D. Duarte tinha do comportamento dos seus leitores para difundirem os ensinamentos contidos em sua obra. Sem grandes novidades, ele recomenda que o leitor leia o livro desde o começo e por inteiro, e que o avanço das páginas deve ser paulatino, um pouco a cada dia, de forma que com o tempo o leitor familiarizar-se-ia com as matérias contidas no texto: "Compre, pera sse melhor entender, de se leer todo de começo, passo, e pouco de cadahũa vez, bem apontado, estando em razoado tempo bem despostos os que leerem e ouvirem" (idem, 1942, p.4). Além de recomendar os modos mais proveitosos da leitura, o nobre também revela que de "[...] leer avemos tres proveitos" (ibidem):

> Primeiro, despender aquel tempo em bem fazer. Segundo, acrecentar em boa sabedoria. Terceiro, por o cuidado, quando estever occioso,

avendo lembrança do que leeo, nom se occupar em algũus nom boos penssamentos, ante retornando ao que aprender acrecentar em boo saber e virtude. (ibidem)

Da mesma forma que apresenta o modo correto de ler e os proveitos de uma boa leitura, D. Duarte também adverte que sua obra e outras que contêm semelhante matéria devem ser lidas pelos já iniciados nas discussões propostas por ele, pois entende que "[...] aos leterados parecerá mais symprezmente feito, e aos outros nom tam boo dentender [...]". No entanto, essa aparente exclusão de alguns leitores é corrigida pelo nobre quando alerta que os demais homens devem também ser iniciados na moral, pois cumpre a eles "[...] serem enssinados [...]" (ibidem). Dessa forma, D. Duarte expõe um esquema que pertence aos nobres, iniciados na moral, que deveriam ler, meditar e decorar, se necessário e possível, as matérias tratadas. Esse esquema é bastante claro para os autores e leitores quatrocentistas: em primeiro lugar, cumpre à nobreza estudar esses aconselhamentos sobre as boas práticas de si; e depois cumpre também a esses homens tomar para si a palavra de Mestre e ensinar os bons exemplos aprendidos, tanto nas suas próprias atitudes, quanto nos livros escritos, traduzidos, compilados por eles, e ainda nas boas conversas que também compunham o quadro do aconselhamento construído por esses homens. Além disso, esse esquema formal define muito claramente os destinatários dos textos e, portanto, quem eram os leitores naquele período. Também determina os modos de ler partilhados por esses homens, ou melhor, os modos de "[...] acrecentar o ssaber e virtudes [...]" (ibidem, p.4), pois, para eles, aconselhar sobre as boas práticas de leitura fazia parte de um quadro mais complexo do fortalecimento e fundamentação da palavra do Mestre, daquele que ensinava. Nesse sentido, para dar mais clareza a essas ideias, o nobre escritor recorre à alegoria dos leitores como abelhas:

> Prazermia que os leedores deste trautado tevessem a maneira da abelha que, passando per ramos e folhas, nas flores mais custuma de pousar, e dally filham parte de seu mantiimento. E nom sejam taaes como aquelles bichos que, leixando todas cousas limpas, nas mais [ç]ujas filham sua governança. (ibidem, p.5)

Esse recurso utilizado pelo nobre escritor de incentivar os seus leitores a se comportarem como abelhas, para além de ser uma ilustração dos seus argumentos, também revela a maneira como D. Duarte e seus contemporâneos interpretavam e organizavam o mundo ao redor deles[18] – ideia que retornarei adiante –, principalmente o mundo dos leitores. É nesse sentido que essa construção alegórica define muito bem a articulação do jogo entre o ato de ler e a leitura como uma prática de si. Em outras palavras, as prescrições sobre como deveria ser realizada a leitura revelam em seu conjunto a necessidade de um cuidado diário com o aprimoramento de si, com a perseverança de ler, reler textos até que os bons exemplos, as recomendações, enfim, até que as palavras dos textos se tornassem absolutamente verdade, ou melhor, até que as substâncias boas dos textos fossem incorporadas na vida daqueles que estão lendo. Ou seja, ao se remeter ao trabalho das abelhas, D. Duarte demonstra a expectativa de que seus leitores capturassem o que havia de melhor no seu texto para praticarem em suas vidas. Esse é um ponto fundamental para esses autores quatrocentistas: procurar, no estudo, as verdades que deveriam ser incorporadas para a concretização de uma vida virtuosa.

Vale, no entanto, lembrar que as formulações construídas por esses autores são em grande medida inspiradas em outras séries de prescrições de leitura como prática de si com seus contextos específicos, ou melhor, que inspiravam modos de ler particulares a cada época e meio social. Um desses modelos inspiradores das formulações avisinas é o modelo monástico de leitura, que propõe especificamente o exercício do *ruminatio* para a assimilação e meditação sobre a Bíblia. Nesse contexto monástico, os modos de ler seguiam a regra da regularidade e lentidão, em busca da profundidade dos textos, dos sentidos escondidos e das verdades que deveriam ser memorizadas e meditadas (Hamesse, 2001, p.182-3). Assim, a leitura nada mais era do que uma técnica da contemplação e, nesse sentido, ela era a primeira etapa de uma cadeia de elementos – leitura, meditação, oração e contemplação (Garcia, 2005, p.374) –, etapas que deveriam ser seguidas para uma relação positiva entre o si mesmo e o sagrado.

---

18 Cf. Hansen, 2006.

Não nos cabe aqui analisar em pormenores as prescrições monásticas em relação à leitura, no entanto, vale destacar alguns pontos que influenciaram diretamente as formulações prescritivas cortesãs dos autores avisinos.[19] Para mapear essa influência, talvez o mais produtivo seja recorrer a uma produção do final do século XIV e início do século XV, ao que tudo indica, originária dos monastérios portugueses. Essas obras de ascética cristã influenciaram os escritos avisinos, mais especificamente o *Leal conselheiro*, como se nota nas retomadas feitas pelo nobre D. Duarte ao livro *Virgeu de Consolaçon* e também pela presença do *Orto do esposo* no inventário das obras que constavam na biblioteca duartina.

As linhas gerais desse problema das prescrições monásticas para a leitura remontam diretamente a São Gregório Magno, que foi um dos primeiros a atribuir à leitura um valor crucial na vida monástica. A ideia central desenvolvida nas cartas e homilias do Santo é de que, com a leitura, os homens poderiam ter uma visão antecipada da glória divina, portanto, o homem poderia participar dos segredos de Deus (Mattoso, 2000, p.326). As formulações desse Santo inspiraram outros homens de vida monástica e que tinham como função guiar os rebanhos de fiéis dentro dos princípios da fé cristã. O mais célebre entre eles foi, talvez, Santo Isidoro de Sevilha que, inspirado nas formulações de São Gregório Magno, definiu de forma mais didática o valor da leitura, situando-a abaixo da oração (ibidem, p.328). Essa formulação hierárquica da leitura e da oração é, oportunamente, lembrada no *Virgeu de Consolaçon*, em que o anônimo escritor reproduz um trecho de Santo Isidoro de Sevilha:

> E diz sancto Ysidoro que pelas oraçõoes nos alimpa Deos de nossos peccados que fazemos, e pelas liçõoes nos ensina o que ante nõ sabíamos. *E aquel que quiser cõ Deos seer deve ameude a leer e a orar, porque quando*

---

[19] As influências que os monastérios tiveram na primeira geração de Avis já foi estudada principalmente no que se refere ao valor que esses homens davam ao cargo de confessor e de pregador. No entanto, é necessário ainda um estudo sobre a influência das fontes monásticas nos textos de Avis, como alerta João Dionísio (2001-2002).

> *leemos Deos fala conosco, e quando oramos nós falamos cõ el*. E cada hũa destas cousas he boa, se homẽ todo podesse fazer. Mais quando todo nõ poder homẽ comprir, me'lhor he orar que leer. E todo homẽ perfecto em esto se mostra, en leer e en orar, porque aquelo que nõ sabemos aprendemo-lo em leendo, e o que avemos aprendido nõ nos esquecerá, se ẽ elo ameude cuidarmos. (*Virgeu de Consolaçon*, p.78, grifo meu)

Mais adiante, o compilador do *Virgeu de Consolaçom* retoma um outro trecho do mesmo Santo Isidoro de Sevilha que revela mais pormenorizadamente a importância da leitura e, de certa forma, esclarece também as formulações de Gregório Magno, pois apresenta a leitura como uma forma de se distanciar das coisas mundanas e de participar de uma vida mais perdurável:

> E diz sancto Ysidoro: A liçon dá a nós doblez [ ], ca ensina o homẽ ẽ bõo entendimento da mente, e demais parte-o de mal e das vaidades deste mundo e trage-o ao amor de Deos. E ẽ como per ella sejamos per vezes esguarnecidos e ensinados o serviço de Deos, assi somos per [e]lla mais despreçados do desejo da vida mundanal. E depois que formos ben accendudos no amor da sabença ẽ tanto a vãa sperança desta vida mortal envelhecerá e será despreçada, e entõ em leendo crecerá mais a ssabença da vida perduravil. (ibidem, p.79)

Ainda no que diz respeito à importância da leitura em Isidoro de Sevilha, um último trecho, citado no *Virgeu*, vincula diretamente a leitura e as escrituras. É atribuída ao Santo a revelação de que não existe outra forma de conhecer as Sagradas Escrituras senão pela leitura, assertiva complementada com a defesa da importância da perseverança em lê-las:

> E diz sancto Ysidoro: Nẽgũu nõ pode conhocer o siso da sancta scriptura senõ per huso de leer. E quanto mais continuadamẽte for nos sanctos falamentos leendo, tanto mais e melhor entendimento deles averá, assi como a terra que quanto mais ameude he lavrada, tanto mais e melhor fructo dá. (ibidem, p.80)

Não somente São Gregório Magno e Santo Isidoro de Sevilha trataram a leitura como uma das regras da vida monástica, ou melhor, uma das regras da vida de um bom cristão, pois, depois deles, há outros exemplos de homílias e sermões que remetem à importância da leitura. Uma dessas formulações que nos interessa mais diretamente é a de Santo Adelmo de Cantuária. Esse Santo desenvolveu longamente a comparação alegórica da leitura com as atividades das abelhas (Mattoso, 2000, p.330), uma comparação que, pode-se dizer, estabelece-se como um verdadeiro padrão nos textos da baixa Idade Média, tanto que o nobre D. Duarte não conseguiu encontrar outra melhor para definir o papel da leitura em sua época. Para Santo Adelmo de Cantuária – e como veremos, de certa forma, esse sentido aparece também em D. Duarte –, o interesse maior na comparação é descrever o processo de interpretação bíblica (ibidem, p.330), ou seja, a minúcia do trabalho das abelhas deve servir de exemplo para o trabalho hermenêutico com a Bíblia, pois nas Sagradas Escrituras, os sentidos mais produtivos não estão na superfície. Desse modo, o leitor deve ter a paciência de buscar a interpretação em três estágios: o primeiro é a assimilação da letra, do escrito tal como ele se apresenta; o segundo é a busca do sentido doutrinal, aquele que está por detrás das letras, o qual, portanto, demanda uma interpretação alegórica da realidade do texto bíblico tal como da realidade que circunscreve o leitor; e, por último, a procura do sentido contemplativo, o mais alto significado das Escrituras, que traz para o leitor o conhecimento de si em relação ao sagrado e estabelece a semelhança entre a criatura finita e o ser pleno de Deus (ibidem, p.326).[20] Portanto, tanto para Santo Adelmo de Cantuária como para D. Duarte, a comparação do trabalho da abelha com a leitura serve para instruir os seus leitores sobre os modos corretos de ler. Mas também, ao construir uma alegoria que relaciona a atividade das abelhas com a leitura, esses autores dão conta do próprio significado do termo alegoria, uma técnica de interpretação que tem como função decifrar as diversas significações das verdades sagradas contidas na Escritura (Hansen, 2006, p.91), ou melhor, das manifestações do plano superior

---

20 Cf. Hansen, 2006.

no plano temporal. Vale, no entanto, ressaltar que o uso da alegoria feito por D. Duarte não estabelece somente uma relação com a leitura das Sagradas Escrituras, mas se estende a todos os livros dedicados a tratar da moral, semelhantes às Sagradas Escrituras.[21]

Em suma, a leitura ganhou gradativamente importância na vida desses homens, pois eles acreditavam que por meio dela poderiam conhecer as práticas que os conduziriam a uma vida virtuosa. Por isso, procurei, neste capítulo, observar as prescrições que os avisinos construíram para regrar os seus modos de ler. Para tanto, foi necessário percorrer o caminho de algumas práticas de leitura que alimentaram a construção dessas prescrições – a leitura fragmentária e a inspiração monástica. Durante o itinerário proposto, procurei destacar, ainda, a importância que eles atribuíram ao conhecimento dos exemplos virtuosos, que eram dignos de memória, mas não sem antes observar como a arte memorativa se configurou naquela época, melhor dizendo, tentei mapear a conceituação sobre esse tema, bem como a importância que a memória tinha nas prescrições morais. Ao buscarem os exemplos virtuosos, os autores avisinos nada mais faziam do que dar uma espécie de reforço para o conhecimento valorizado, e aí entravam as prescrições para a leitura. Elas, no entanto, não eram muito numerosas, apareciam em momentos oportunos e conjuntamente com as formulações sobre os porquês da escrita desses tratados. Além disso, seguiam a regra da leitura monástica, na qual as linhas gerais foram construídas tomando por base a leitura do texto fundamental: a Bíblia.

---

21 Cf. D. Duarte, 1942.

Considerações finais

A produção escrita em Portugal ganhou forte impulso no final do século XIV com a ascensão da dinastia de Avis ao poder. Foi nessa época que a cultura livresca tornou-se importante no ambiente cortês, tendo os próprios reis e príncipes de Avis se ocupado em escrever, traduzir e compilar obras de cunho pedagógico que visavam, principalmente, regular as condutas da nobreza cortesã. Assim, os livros, mesmo com circulação restrita entre os reis, príncipes e nobres ricos, adquiriram lentamente o *status* do mais importante instrumento de veiculação dos saberes e foram justamente os matizes dessa valorização dos livros o que procurei examinar neste trabalho, atentando principalmente para os conteúdos privilegiados pelos célebres letrados de Avis. Esses homens, ao lirismo trovadoresco, preferiram uma prosa pedagógica com direcionamentos precisos e que procurava instruir seus contemporâneos e sucessores dentro dos rigorosos valores cristãos e corteses.

Como procurei examinar, o objetivo de fundo desses textos era o regramento moral dos hábitos e, tendo isso em vista, os autores avisinos construíram modelos, normas e, principalmente, relataram práticas cotidianas pessoais que se fundamentavam na relação com o sagrado e por isso mesmo eram exemplares. Tanto D. João, quanto D. Duarte e D. Pedro resgataram exemplos de suas vidas para acrescentar na vida dos seus semelhantes, a esses exemplos eles acrescentavam imagens de personagens bíblicos, santos e outros que praticaram e ensinaram conforme as regras aceitas como verdadeiras. Busquei, do mesmo modo, mostrar como não somente os conteúdos amparavam-se em tal ideia, mas também como a própria prática da escrita era justificada pelo compromisso com o transcendental, ou melhor, pela obrigação de ensinar dentro das normas ordenadas por Deus. O próprio escrever, nesse contexto, era um hábito tido como virtuoso e um compromisso a ser assumido pelos virtuosos. Daí que também o regramento dessa prática surja como uma das preocupações desses autores de Avis, que se dizem dispostos a ensinar tais regras, bem como a praticá-las e retomá-las eles próprios.

Ainda a propósito da prática da escrita e seu desempenho moralizante, procurei explorar dois mecanismos que foram usados por D. João, D. Pedro e D. Duarte para tentarem tocar os seus leitores e convidá-los ou convencê-los a participarem desse projeto de regramento moral. O primeiro foi a repetição do inventário das condutas virtuosas, quer dizer, os autores em questão buscaram não apenas inventariar determinadas condutas, mas apresentá-las repetidas vezes de forma que o leitor se conscientizasse da importância delas. O segundo recurso, tão ao gosto da época, era o apelo constante à alegoria, recurso que, com eficiência, permitia o jogo entre o plano natural e o sobrenatural ou, em outras palavras, permitia compreender os fundamentos não evidentes da realidade e organizá-la sem perder o vínculo com a sua razão de ser, melhor dizendo, mantendo o fio entre o comezinho e as verdades da fé. Ao retomarem, pois, as construções alegóricas, os autores explicam determinadas verdades tomando como ponto de partida o seu próprio cotidiano e o de seus leitores.

Com esse percurso, pude notar que havia uma clara defesa de que tais práticas morais fossem conhecidas, porque elas se apresentavam como formas de uma verdade que deveria ser sempre trazida à tona e, do mesmo modo, tais práticas eram tidas como os meios pelos quais se deveria seguir para a felicidade da vida em comunhão com Deus. Ao mapear essas práticas, observei, também, que elas aparecem referidas nas diversas digressões filosóficas feitas por esses autores para se interrogarem sobre os seres humanos e suas relações, digressões sustentadas por crenças comuns do Cristianismo de que os homens eram criaturas e que sua vida terrena obedecia a uma hierarquia ditada por Deus para ordenar a relação dos homens com as demais criaturas, mas também desses com seus semelhantes. Assim, para entender o seu lugar na hierarquia dos seres e na própria hierarquia dos homens, o primeiro passo era conhecer-se a si mesmo e as coisas, via principal para se chegar até Deus. Só depois desse conhecimento prévio, poder-se-ia regrar a si mesmo e propor aos outros modelos.

As digressões filosóficas feitas com o intuito de aprimorar a si mesmo, como pude observar, propõem um jogo em que, a esse primeiro aprimoramento, devia-se seguir o compromisso de aprimoramento dos semelhantes e, podemos dizer, da sociedade. Daí decorre a importância do conhecimento, tanto de si – das fragilidades e potencialidades humanas –, como também das regras morais legadas no passado e os exemplos virtuosos igualmente legados por outros tempos. De onde se destaca o papel da leitura como a principal forma de alcançar tais legados. Se a vida virtuosa dependia do conhecimento de exemplos virtuosos do passado, os livros surgiam com um papel soberano e, consequentemente, a leitura era o caminho certo e seguro para o aprimoramento de si. Escrever e ler, dessa maneira, encontram-se entre as principais práticas de si desses nobres quatrocentistas portugueses, impondo-se como hábitos regulares e virtuosos de uma nobreza que se quer mostrar ocupada com o aprimoramento de si e do outro, pois esses são instrumentos para seu engrandecimento. Assim, tendo em vista que o principal objetivo deste trabalho era entender a importância conferida à leitura, chego ao final desse percurso com a convicção de que essa importância estava ligada ao jogo encenado do aprimoramento de si.

Vale, por fim, dizer que, ao longo da pesquisa, ao tentar mapear os enunciados sobre a leitura, deparei-me com o privilégio conferido à prescrição de como se portar na leitura e de como se ler adequadamente os textos pedagógicos; melhor, notei que os enunciados seguiam a mesma regra das demais práticas inventariadas – os cuidados com o corpo e com o espírito. Tais enunciados podem ser divididos em dois grupos. O primeiro é composto por aqueles que indicam a primazia da leitura fragmentária entre os nobres avisinos. Vagos e numerosos, eles demonstram a conformidade desses autores com a tendência geral de referenciar as autoridades do saber, já que atualizar o conhecimento privilegiado pelos cristãos era uma empreitada coletiva, e os autores avisinos tinham como tarefa acrescentar em tal projeto. Daí o papel conferido à memória. Tida como imprecisa, parcial e fragmentária, cuidar dela era também um passo importante no aprimoramento de si, pois a ela competia a lembrança de um passado coletivo anterior à Queda, como também a lembrança cotidiana das coisas boas recebidas de Deus e do outro. Além da lembrança, vale destacar também o papel do perdão do passado, ou seja, do esquecimento benéfico, pois o regramento moral proposto por esses homens é um regramento cotidiano, renovado a cada dia, de modo que perdoar a si mesmo as faltas passadas era importante para que, no presente, se concentrassem as energias no bem fazer e não no que se deixou de fazer ou se fez mal.

O segundo grupo eram os enunciados prescritivos. Esses enunciados seguiam as regras gerais das prescrições monásticas de leitura e tinham como função corrigir problemas, como o tempo gasto com a leitura e o número de páginas que deveriam ser lidas. Tais indicações se davam para o dia a dia do leitor, melhor dizendo, a recomendação mais geral – e que perpassa as outras – era de que a leitura devia ser uma prática diária, um exercício cotidiano de reforço do conhecimento. A inspiração monástica se dá principalmente nessa dimensão diária da leitura, tendo sido suas linhas gerais extraídas da proposta de hermenêutica bíblica, porém, para os nobres de Avis, a prática da leitura se estendia também aos demais textos que versavam sobre o bem moral.

Referências bibliográficas

Fontes

DUARTE, D. *Leal Conselheiro* [1437-1438]. Ed. crítica e notas de Joseph-Maria Piel. Lisboa: Bertrand, 1942.

――――――. Livro da ensinança de bem cavalgar toda sella [1433/1437-1438]. In: *Obras dos Príncipes de Avis*. Ed. de Manuel Lopes de Almeida. Porto: Lello & Irmão – Editores, 1981.

JOÃO I, D. Livro da montaria [1415-1433]. In: *Obras dos Príncipes de Avis*. Ed. de Manuel Lopes de Almeida. Porto: Lello & Irmão – Editores, 1981.

PEDRO, Infante D. Livro da virtuosa bemfeitoria [1418-1425]. In: *Obras dos Príncipes de Avis*. Ed. de Manuel Lopes de Almeida. Porto: Lello & Irmão – Editores, 1981.

Fontes secundárias

AQUINO, T. de. *Suma contra os gentios*. Trad. de D. Odilão Moura e D. Ludgero Jaspers; rev. de Luis Alberto De Boni. Vol. 1. Porto Alegre: Escola Superior de Teologia São Lourenço de Brindes: Sulina; Caxias do Sul: Universidade de Caxias do Sul, 1990,.

――――――. *Verdade e conhecimento*. Trad., estudos introdutórios e notas de Luiz Jean Lauand e Mario Bruno Sproviero. São Paulo: Martins Fontes, 1999.

_____. *Tomás de Aquino*. São Paulo: Nova Cultural, 2000 (Col. Os pensadores).
_____. *Suma de Teología*. 5 vols. Madrid: Biblioteca de autores cristianos, 2001.
_____. *Sobre o ensino* (De magistro), *os sete pecados capitais*. São Paulo: Martins Fontes, 2004.
BOOSCO DELEITOSO. Ed. de Augusto Magne. Vol. 1. Rio de Janeiro: Instituto Nacional do Livro 1950.
CORTE ENPERIAL. Ed. interpretativa de Adelino de Almeida Calado. Aveiro: Universidade, 2000.
LIVRO DO OFÍCIOS DE MARCO TULLIO CICERAM o qual tornou em linguagem o Infante D. Pedro. In: *Obras dos Príncipes de Avis*. Edição de Manuel Lopes de Almeida. Porto: Lello & Irmão – Editores, 1981.
LIVRO DOS CONSELHOS DE EL-REI D. DUARTE (Livro da cartuxa). Ed. diplomática de João José Alves Dias. Lisboa: Estampa, 1982.
LOPES, Fernão. *Chronica de El-Rei D. João I*. Vol. 2. Lisboa: Escriptorio, 1897.
ORTO DO ESPOSO. Ed. crítica de Bertil Maler. 2 vols. Rio de Janeiro: MEC/INL, 1956.
SÉNECA. *Diálogos I*. Buenos Aires: Losada, 2007.
VIRGEU DE CONSOLAÇON. Ed. crít. de Albino de Bem Veiga. Porto Alegre: Livraria do Globo, 1958.

Estudos

AMORA, A. S. O Nobiliário do Conde D. Pedro. *Boletins da Faculdade de Filosofia, Ciências e Letras*, São Paulo, 1948.
ANSELMO, A. *Estudos de História do Livro*. Lisboa: Guimarães Editora, 1998.
ARIÈS, P. *História social da criança e da família*. Rio de Janeiro: Guanabara, 1986.
_____. *O homem diante da morte*. Rio de Janeiro: F. Alves, 1989.
BARBIER, F. *Historia del libro*. Madrid: Alianza Editorial, 2005.
BASCHET, J. *A civilização feudal*. São Paulo: Globo, 2006.
BLANCHARD, J.; MUHLETHALER, J.-C. *Écriture et pouvoir à l'aube des temps modernes*. Paris: Presses Universitaires de France, 2002.
BOEHNER, P.; GILSON, E. *História da filosofia cristã*: desde as origens até Nicolau de Cusa. Petrópolis: Vozes, 2008.
BRITO, A. N.s de (Org.). *Ética*: questões de fundamentação. Brasília: Editora Universidade de Brasília, 2007.
BUESCU, A. I. *Imagem do Príncipe*: discurso normativo e representação (1525-49). Lisboa: Cosmos, 1996.

———. Livros e livrarias de rei e de príncipes entre os séculos XV e XVI. Algumas notas. *eHumanita*, v.8, 2007. Disponível em: http://www.ehumanista.ucsb.edu/volumes/volume_08/articles/8%20%20Ana%20Isabel%20 Buescu%20Article.pdf. Acesso em: 23 abr. 2009.

BÜHLER, J. *Vida y cultura en la Edad Media*. México: Fondo de Cultura Económica, 1996.

CAETANO, M. *História do direito português* – Fontes – direito público (1140-1495). Lisboa: Verbo, 1992.

CALAFATE, P. *História do pensamento filosófico português*. Lisboa: Caminho, 1999.

CARVALHO, J. de. *Obra completa de Joaquim de Carvalho*. Vol. II. História da cultura (1922-1948). Lisboa: Fundação Calouste Gulbenkian, [s/d].

CASTRO, M. H. L. de. *Leal conselheiro*. Itinerário do Manuscrito. *Penélope: revista de História e Ciência Sociais*, v.16, 1995. Disponível em: http://dialnet.unirioja.es/servlet/articulo?codigo=2656601. Acesso em: 15 maio 2007.

CHARTIER, R. *A história cultural* – entre práticas e representações. Lisboa: Difel, 2002.

———. Do códice ao monitor: A trajetória do escrito. *Estudos Avançados*, São Paulo, v.8, n.21, maio/ago, 1944.

———. *Práticas da leitura*. São Paulo: Estação Liberdade, 1996.

———. *A ordem dos livros:* leitores, autores e bibliotecas na Europa entre os séculos XIV e XVIII. Brasília: Editora Universidade de Brasília, 1998.

———. *Historia de la lectura en el mundo occidental*. Madrid: Altea/Taurus/Alfaguara, 2001.

———. *À beira da falésia:* a história entre certezas e inquietudes. Porto Alegre: Editora da UFRGS, 2002.

———. *Formas e sentido* – Cultura escrita: entre distinção e apropriação. Campinas: Mercado de Letras; Associação de Leitura do Brasil (ALB), 2003.

CHENU, M.-D. *O despertar da consciência na civilização medieval*. São Paulo: Loyola, 2006.

CURTIUS, E. R. *Literatura europeia e Idade Média Latina*. São Paulo: Hucitec; Edusp, 1996.

DELUMEAU, J. *A confissão e o perdão*. São Paulo: Companhia das Letras, 1991.

DIAS, I. *A arte de ser bom cavaleiro*. Lisboa: Editorial Estampa, 1997.

DIONÍSIO, J. Lembranças rebeldes, combates mnésicos e remédios vinícolas: sobre a arte do esquecimento no *Leal conselheiro*, de D. Duarte. *Colóquio/Letras*, Lisboa, Fundação Calouste Gulbenkian, n.142, 1996.

_____. Literatura franciscana no Leal Conselheiro, de D. Duarte. *Lusitania Sacra*, Lisboa, t. 3-14, 2001-2002. Disponível em: http://www.clul.ul.pt/equipa/jdionisio/franciscanos.pdf. Acesso em: 12 mai. 2008.

DUBY, G. *Idade Média, idade dos homens*: do amor e outros ensaios. São Paulo: Companhia das Letras, 1989.

_____. *O tempo das catedrais:* a arte e a sociedade (980-1420). Lisboa: Estampa, 1993.

_____. *As três ordens ou o imaginário do feudalismo*. Lisboa: Estampa, 1994.

DUBY, G; ARIÉS, P. H. *História da vida privada I e II*. São Paulo: Companhia das Letras, 1990.

ECO, U. *Arte e beleza na estética medieval*. Rio de Janeiro: Globo, 1989.

ENCICLOPÉDIA EINAUDI. Lisboa: Imprensa Nacional – Casa da Moeda, v.1-17, 1989.

EISENSTEIN, E. L. *A revolução da cultura impressa:* os primórdios da Europa moderna. São Paulo: Ática, 1998.

ELIAS, N. *O processo civilizador*. Rio de Janeiro: Jorge Zahar, 1994.

ESTEVES, E. N. Introdução. In: *Narrativas da Crônica Geral de Espanha de 1344*. Lisboa: Veja, 1998.

FEBVRE, L.; MARTIN, H.-J. *O aparecimento do livro*. São Paulo: Unesp; Hucitec, 1992.

FLANDRIN, J.-L. *O sexo e o ocidente*. São Paulo: Brasiliense, 1988.

FLANDRIN, J.-L.; MONTANARI, M. (Dir.). *História da alimentação*. São Paulo: Estação Liberdade, 1998.

FOUCAULT, M. *História da sexualidade*. Rio de Janeiro: Edições Graal, 1988. 3 vols.

_____. *O que é um autor?* Lisboa: Veja, 1992.

_____. *A ordem do discurso*. São Paulo: Loyola, 1996.

_____. *A hermenêutica do sujeito*. São Paulo: Martins Fontes, 2006.

_____. *Resumo dos Cursos do Collège de France 1970-1982*. Rio de Janeiro: Jorge Zahar Editor, s/d.

FRANÇA, S. S. L. O intuito pedagógico nas crônicas e nos livros didáticos medievais portugueses. *Estudos portugueses e africanos*, Campinas, n.31, 1998.

_____. *Os reinos dos cronistas medievais (século XV)*. São Paulo: Annablume; Brasília: Capes, 2006.

GAMA, J. *A filosofia da cultura portuguesa no Leal conselheiro de D. Duarte*. Lisboa: Fundação Calouste Gulbenkian, 1995.

GARCIA, R. M. Pérez. *Sociologia y lectura espiritual en la Castilla del Renacimiento, 1470-1560*. Madrid: Fundación Universitaria Española, 2005.

GILSON, E. *A filosofia na Idade Média*. São Paulo: Martins Fonte, 1995.

_____. *O espírito da filosofia medieval*. São Paulo: Martins Fontes, 2006.

GODINHO, H. *Prosa medieval portuguesa*. Lisboa: Comunicação,1986.

GOMES, R. C. *A corte dos reis de Portugal no final da Idade Média*. Lisboa: Difel, 1995.

GÓMEZ, A. C. *Libro y lectura em la península ibérica y América (siglos XIII a XVIII)*. Salamanca: Junta de Castilla y León, 2003.

GRABOIS, A. *Le pelerine occidental en Terre sainte au Moyen Âge*. Paris, Bruxelas: De Boeck & Larcier S/A, 1998.

GUEDES, F. *Os livreiros em Portugal e as suas associações desde o século XV até nossos dias*. Lisboa: Verbo, 1993.

GUENÉE, B. *O ocidente nos séculos XIV e XV: os Estados*. São Paulo: Livraria Pioneira, 1981.

GUREVITCH, A. I. *As categorias da cultura medieval*. Lisboa: Caminho, 1990.

HAMESSE, J. El modelo escolástico de la lectura. In: CAVALLO, G.; CHARTIER, R. *Historia de la lectura en el mundo occidental*. Madrid: Altea/ Taurus/ Alfaguara, 2001.

HANSEN, J. A. *Alegoria:* construção e interpretação da metáfora. São Paulo: Hedra; Campinas: Editora da Unicamp, 2006.

HEIDEGGER, M. *Estudios sobre mística medieval*. México: Fondo de Cultura Económica, 1997.

HOMEM, A. L. de C. A sociedade política joanina (1383-1433): para uma visão de conjunto. *En la España medieval*. Madrid, Editorial Universidad Complutense, n.12, 1989. Disponível em: http://revistas.ucm.es/ghi/02143038/articulos/ELEM8989110231A.pdf. Acesso em: 16 fev. 2009.

HUIZINGA, J. *O declínio da Idade Média*. Lisboa; Rio de Janeiro: Ulisseia, [s/d].

LACHI, A. L. As cortes de Coimbra e a aclamação real do Mestre de Aviz: o papel de João das Regras ou das leis. *Revista jurídica Unigran*, Dourados, MS, v.3, n.6, 2001. Disponível em: http://www.unigran.br/revistas/juridica/ed_anteriores/06/artigos/07.pdf. Acesso em: 20 mar. 2008.

LANCIANI, G.; TAVANI, G. (Org. e coord.). *Dicionário da literatura medieval galega e portuguesa*. Lisboa: Caminho, 1993.

LAPA, M. R. D. Duarte e a prosa didáctica. In: *Lições de Literatura medieval*: época medieval. Coimbra: Coimbra Ed., 1966.

_____. *D. Duarte e os prosadores da Casa de Avis*. Lisboa: Seara Nova, 1972.

LAUAND, L. J. (Org.). *Cultura e educação na Idade Média*. São Paulo: Martins Fontes, 1998.

LE GOFF, J. A civilização do ocidente medieval. Lisboa: Estampa, 1983.

_____. As raízes medievais da Europa. Petrópolis, RJ: Vozes, 2007.

_____. Os intelectuais na Idade Média. São Paulo: Brasiliense, 1989.

_____. Para um novo conceito de Idade Média. Lisboa: Estampa, 1993.

LE GOFF, J.; SCHMITT, J. C. (Dir.). Dicionário temático do ocidente medieval. Bauru: Edusc, 2002.

LE GOFF, J.; TRUONG, N. Uma história do corpo na Idade Média. Rio de Janeiro: Civilização Brasileira, 2006.

LECLERCQ, J. As grandes linhas da filosofia moral. São Paulo: Herder, 1967.

LEITÃO, V.; DIONÍSIO, J. Sobre a figura de Júlio César no livro da Montaria de D. João I. Limite: Revista de Estudios Portugueses y de la Lusofonía, n.2, 2008, p.27-45. Disponível em: http://dialnet.unirioja.es/servlet/articulo?codigo=2976412. Acesso em: 15 abr. 2009.

LIBERA, A. Pensar na Idade Média. São Paulo: Editora 34, 1999.

LIVRO DOS OFÍCIOS DE MARCO TULLIO CICERAM O QUAL TORNOU EM LINGUAGEM O INFANTE D. PEDRO. In: Obras dos Príncipes de Avis. Ed. de Manuel Lopes de Almeida. Porto: Lello & Irmão – Editores, 1981.

MARITAIN, J. A filosofia moral. Rio de Janeiro: Agir, 1964.

MARQUES, A. H. de O. A sociedade medieval portuguesa. Lisboa: Livraria Sá da Costa, 1987a.

_____. Portugal na crise do século XIV e XV. Lisboa: Presença, 1987b.

_____. Novos ensaios de história medieval portuguesa. Lisboa: Presença, 1988.

MARTINS, M. À volta do "Horto do Esposo". In: Estudos de Literatura Medieval. Braga: Cruz, 1956.

_____. Estudos de Cultura Medieval. Lisboa: Verbo, 1969. 3 v.

_____. A Bíblia na literatura medieval portuguesa. Lisboa: Instituto de Cultura e Língua Portuguesa, 1979.

_____. O riso, o sorriso e a paródia na literatura portuguesa de quatrocentos. Lisboa: Instituto de Cultura e Língua Portuguesa, 1987.

MATTOSO, J. História de Portugal: a monarquia feudal (1096-1480). Lisboa: Estampa, 1981.

_____. A nobreza medieval portuguesa: a família e o poder. 2. ed. Lisboa: Estampa, 1987a.

_____. Fragmentos de uma composição medieval. Lisboa: Estampa, 1987b.

_____. Religião e cultura na Idade Média portuguesa. Lisboa: Círculo de Leitores, 2000.

MONGELLI, L. M. (Coord.). *A literatura doutrinária na corte de Avis*. São Paulo: Martins Fontes, 2001.

MUNIZ, M. R. C. *O Leal conselheiro, de Dom Duarte, e a tradição dos Espelhos de príncipe*. São Paulo: Martins Fontes, 2003.

PACHECO, M. C. M. Intelecto prático e vontade em D. Duarte, Rei de Portugal. Versão portuguesa de "Intellect pratique et volonté chez Duarte, roi Du Portugal". Les Philosophies Morales et politiques au Moyen Âge. In: *Actes Du IXe Congrés International de Philosophie Médiévale*. Otawa, 17 au 22 août 1992, Otawa, New York, Toronto, 1995. Disponível em: http://ler.letras.up.pt/uploads/ficheiros/1894.pdf. Acesso em: 12 ago. 2009.

RACHELS, J. *Elementos de filosofia moral*. Lisboa: Gradiva, 2004.

RIBEIRO, C. A.; MADUREIRA, M. (Coord.). *O genéro do texto medieval*. Lisboa: Cosmos, 1997.

RICOEUR, P. *O si-mesmo como um outro*. Campinas: Papirus, 1991.

_____. *A memória, a história, o esquecimento*. Campinas: Editora da Unicamp, 2007.

ROSA, M. de L. *O Morgadio em Portugal sécs. XIV-XV*. Lisboa: Estampa, 1995.

RUCQUOI, A. *História medieval da península ibérica*. Lisboa: Estampa, 1995.

SAMPAIO, A. F. (Dir.). *História da literatura portuguesa ilustrada*. Lisboa/Paris: Bertrand/Aillaud, 1929.

SANTOS, M. J. A. A cultura portuguesa no século XV da Universidade à Corte. *Revista Portuguesa de História*, Coimbra, t. XXXI, v.1, 1996.

SARAIVA, A. J. *O crepúsculo da Idade Média em Portugal*. Lisboa: Gradiva, 1993.

SERGIO, A. (Sel.). *Prosa doutrinal de autores portugueses*. 2. ed. Lisboa: Portugalia, 1965.

SERRÃO, J. (Dir.) *Dicionário de história de Portugal*. Lisboa: Iniciativas Editoriais, [s/d].

SILVA NETO, S. da. *Bíblia medieval portuguesa*. Rio de Janeiro: Instituto Nacional do Livro, 1958.

SILVA, G. G. *Amor, Caritas e Razão*: sustentáculos de um velho mundo medieval: Tratado da Virtuosa Benfeitoria, do infante D. Pedro. 2001. 219f. São Paulo, 2001. Tese (Doutorado em Literatura portuguesa) – Faculdade de Filosofia, Letras e Ciências Humanas, Universidade de São Paulo.

ULLMANN, W. *Historia del pensamiento político em la edad media*. Barcelona: Editora Ariel, 1992.

VAUCHEZ, A. *A espiritualidade da Idade Média Ocidental*: séc. VIII-XIII. Lisboa: Estampa, 1995.

VAZ, H. C. de L. *Antropologia filosófica*. São Paulo: Loyola, 1991.

VENTURA, M. G. *Igreja e poder no séc. XV:* Dinastia de Avis e liberdade eclesiástica (1383-1450). Lisboa: Colibri, 1997.

_____. *O messias de Lisboa*. Lisboa: Cosmos, 1992.

VERGER, J. *Homens e saber na Idade Média*. Bauru: Edusc, 1999.

VEYNE, P. *Como se escreve a história e Foucault revoluciona a história*. Brasília: Editora Universidade de Brasília, 1998.

VIEGAS, V. *Cronologia da Revolução de 1383-1385*. Lisboa: Estampa, 1984.

VITERBO, Fr. J. de S. R. de. *Elucidário das palavras, termos e frases que em Portugal antigamente se usaram e que hoje regularmente se ignoram*. Lisboa: A. J. Fernandes Lopes, [s/d].

YATES, F. A. *A arte da memória*. Campinas: Editora da Unicamp, 2007.

ZUMTHOR, P. *A letra e a voz:* a "literatura" medieval. São Paulo: Companhia das Letras, 1993.

SOBRE O LIVRO

Formato: 14 x 21 cm
Mancha: 23,7 x 42,5 paicas
Tipologia: Horley Old Style 10,5/14
Papel: Offset 75 g/m² (miolo)
Cartão Supremo 250 g/m² (capa)
1ª edição: 2012

EQUIPE DE REALIZAÇÃO

Coordenação Geral
Marcos Keith Takahashi

Impressão e Acabamento:

psi7

Printing Solutions & Internet 7 S.A